谨以此书献给百年名校——河南大学！

——题记

王文科的散文长于用诗性的文字写出百年老校河南大学的前世今生，描绘河南大学亭台楼阁、春夏秋冬的独特风貌，记录河南大学在悠长岁月中一个个鲜活的生命。诗意的文字与五彩缤纷的照片相映成趣，成为百年名校一部极为个性化的校史。

2023 年 5 月 17 日

飘落在明伦街的记忆
JINGYIN CHENBI
PIAOLUO ZAI
MINGLUN JIE DE JIYI

# 静音沉璧

王文科 著

·郑州·

**图书在版编目（CIP）数据**

静音沉璧 / 王文科著． -- 郑州：河南大学出版社，2023.8
　　ISBN 978-7-5649-5595-3

　　Ⅰ．①静… Ⅱ．①王… Ⅲ．①河南大学－校史－文集 Ⅳ．① G649.286.11-53

中国国家版本馆CIP数据核字（2023）第173242号

| | |
|---|---|
| **责任编辑** | 薛建立 |
| **责任校对** | 郑　鑫　柴桂玲 |
| **封面设计** | 马　龙 |
| **封面题字** | 赵振乾 |

| | |
|---|---|
| **出版发行** | 河南大学出版社 |
| | 地　址：郑州市郑东新区商务外环中华大厦2401号 |
| | 邮　编：450046 |
| | 电　话：0371-86059701（营销部） |
| | 网　址：hupress.henu.edu.cn |
| **排　版** | 河南大学出版社设计排版部 |
| **印　刷** | 郑州印之星印务有限公司 |
| **版　次** | 2023年8月第1版 |
| **印　次** | 2023年8月第1次印刷 |
| **开　本** | 710 mm×1010 mm　1/16 |
| **印　张** | 25.5 |
| **字　数** | 330千字 |
| **定　价** | 98.00元 |

**版权所有·侵权必究**

（本书如有印装质量问题，请与河南大学出版社联系调换）

王鹏飞

王文科老师的新书《静音沉璧》将要出版了,约我写序。

文科老师第一次约我写序,是大半年之前的一个午后。我们都家住西郊,中午回去不便,就常常在校吃午餐。学院旁边的五食堂拆建之后,用餐必须到铁塔旁边的中心食堂,于是每到中午,便与春生老师等相邀同去。步行过去需十几分钟,饭毕鼓腹而归,又需十几分钟。每次这半个小时的时间,就成为我们随意闲谈的美妙时光。对国事的感想、工作的困惑、有趣的八卦、人生的苍凉,都在或去或归的路上自然而出。那时候,文科老师刚在工作之余,开设了一个名为"静音沉璧"的微信公众号。上面经常发一些有关河大的回忆文字,已经写了二三十期,有很好的反响。"静音沉璧"的名字是文科老师大学时的老师王立群先生命名的。2022年国庆节,王立群老师返汴,虽然只停留短暂几天,还专门拨冗来到学院,为刚获批为学校网络文明暨融媒体育人工作品牌项目的"静音沉璧"工作室揭牌。"静音沉璧"每一周都会有新作,这些新作就经常成为午餐路上的话题。有一次,我们又谈及新发的一篇,就说如果写到了一定数量,结集出版一下,会是别样的河大校史。文科老师说这个主意不错,他也曾经想过。他又说，到时候请你写一篇序言。

听到以后，我哈哈大笑。

哈哈大笑，一是因为放松。与文科老师午餐路上的聊天，实在是身心愉悦，百无挂碍。各种表情动作，皆无须假面，可随意而出。哈哈大笑，还有一个原因，就是当时真的觉得文科老师是在说笑。对序言来说，除了自序之外，作序之人要么是师长，要么是领导，要么是名家。我于文科老师而言，算什么呢？文科老师长我十五岁，他是八一级本科生，我是九六级本科生，他的同学也有我的授课老师，他是妥妥的老师辈学长。虽说这两年在学院里他是书记，我是院长，但我读大学时，他已经担任了艺术学院的副书记；我读研时，他又成为民生学院的创院书记；他来新传院当书记时，我刚担任副院长不到一年……就这些来说，他也是妥妥的老领导。现在说起可以结集出版，文科老师就说让我写序，不肯定是说笑吗？

又过了一个多月，疫情突紧，学生封闭管理，我们都需下沉学院，文科老师带头在办公室二十四小时值守。当时，要给封在宿舍的学生每天三顿送饭。开始没有经验，身着冬服，外面再穿防护衣。谁知防护衣看似单薄，但上身之后密不透风，人到中年的我们抬着成箱的盒饭楼上楼下往来几趟，立即汗流浃背。送餐的中后段时间更宛如桑拿，冬日之中大汗淋漓，十分酸爽。这种送饭场景，文科书记也写到了"静音沉璧"之中，获得很多关注和点赞。那天晚上同吃盒饭的时候，就聊起了这篇序言。文科书记说他已经开始整理此前的文章了。又说：让你写的序言，你记得思考一下。他第二次提及写序，我心想，难道他不是在说笑？

再过一个月，防疫政策放开，学生大都返乡了，然后大家都阳了。阳了之后，各自居家隔离，什么"剜眼珠剔腰子、无麻醉开颅湿水泥封鼻",大都曾一一亲历。等到再和文科书记见面,已经是2023年的元旦之后了。这一次,他指着电脑上的文章说:我已经基本整理好了,正在校对;你的序言,最好春节期间能写好给我。

我一看文科老师是认真的,赶紧诚恳婉拒:岂敢岂敢,您是老领导,又是老师辈,您的序言,应该找德高望重的人来写,找我写序,岂不影响档次?文科老师一听,对我这种世俗思维颇不认同,他说:你放心,我没有这么多弯弯绕,我也不看重什么名位。找你写序,一方面是你见证了这个公众号产生的过程,好多咱们都聊过;另一方面,是咱们工作上合作很愉快,我才有心情写这些文字,也是咱们工作友谊的一个纪念。

文科老师这么一说,我立即理解了他的意思。确实,早几年我作为副院长配合他的工作,近两年主持行政工作后和他搭班,文科老师都对我诚心以待、关爱有加,让我深感一位师长和领导带来的暖暖温情。而"静音沉璧"的策划想法,包括一些文章的写作过程,我也确实都见证过。那么,面对这种美好回忆,我还有什么理由推辞呢?于是就决定不揣浅陋,接下写序的任务。

"静音沉璧"的内容已经次第陈列在公众号上,各位看官自有个人的感受。就我个人的阅读体会来看,这些文字有三个特点:情深,唯美,时尚。

先说情深。文科书记是"老河大",1981年十八岁时入学,1985年毕业后留校工作,与河大结缘四十余年。其间,他经历了七八个工作岗位,见证了河南大学校名的恢复、两个新校区的建设、学校重返"国家队"的艰辛。这种经历之下,他对学校的殷殷之情,自然溢于言表,难以掩饰。我们午餐聊天的时候,经过某些地方,会经常听他说当年这里是什么什么,或者说当年读书或工作的时候如何如何。言语之间，不无对往昔岁月的缅怀，对时光流逝的怅惘。有时碰到某一朵花开、某个小动物出现，或者树下读书的青春身影，乃至树叶凋零的沧桑枝干，文科书记都会停下脚步，拿出手机拍上几张。可以说，河大的人或事，以及一草一木，都已经融入了他生命的血液之中。这种思绪之下讲述的河大故事，其情深为何如？

再说唯美。20世纪80年代初，河南大学中文系热爱写作的一些学生成立了"铁塔文学社"，聘请魏巍、苏金伞等知名作家和诗人担任顾问。铁塔文学社的首任社长就是文科老师。多年之后，当年中文系写诗的才子重拾写作，就让"静音沉璧"的文字自然呈现出青春唯美气息。阅读其中的篇什，会发现抒情的散文诗式语句，是不少文章的叙述方式。若是涉及河大的自然风景，或者老建筑，语言的唯美特征，尤其是其中蕴含的情愫就会更加明显。钟嵘在《诗品序》中曾说："凡斯种种，感荡心灵，非陈诗何以展其义？"就此而言，文科老师每当面对承载着他生命记忆的河大园时，他总是诗情勃兴，进而唯美表达，就不难理解了。

三说时尚。"静音沉璧"的内容呈现出明显的新时代融媒体特征。在我们常见的方块文字之外，每一期都配有很多精美的图片，同时还有美妙的声音朗诵全文。图片中除了少量资料性的照片，大都是文科老师自己日常拍摄的作品。声音则来自学院播音专业的老师和学生，根据内容的不同，或者铿锵激昂，或者温婉柔美，让我们在不便阅读的时候，耳朵也能感受宛如天籁的文学之美。打造这样一个融媒特征明显的公众号，文科老师是走在同龄人前列的。日常生活中，文科老师和他的文字一样，具有一种素雅之质。他的办公室总是窗明几净，他衣着总是简单整洁，但这种不事雕饰的自然并不影响他对于最新动态的关注。"静音沉璧"一问世，就图文并茂、音画结合，谁能说不是一种时尚？

今年春天，文科老师转任组织员，他对"静音沉璧"的写作投入了更大的精力。有时为了求证一个细节，他会等待一位老先生多时，会去校史馆核实数遍，也会为了一幅照片多次重临取景。这种写作精神之下的文字，不但是文科老师用心打造的个人心灵记忆，也已成为河南大学别样的动人校史。

行笔至此，回想和文科老师的共事岁月，再翻阅公众号里的唯美文字，突然有了戚戚于心的别样感动。一位古人谈及诗歌的形容之道，说："俱似大道，妙契同尘。离形得似，庶几斯人。"那么，在绵延千年的铁塔风铃之下，妙契同尘地讲述风霜百年的河大故事，文科老师其斯人欤？

谨此为序。

2023 年 5 月 20 日

# 目　录

## 一 | 建筑篇

生命之约——走近大礼堂 …………………………… 3

明伦之约——走近六号楼 …………………………… 7

明伦之约——走近七号楼 …………………………… 12

明伦之约——走近贡院碑 …………………………… 18

明伦之约——走近南大门 …………………………… 27

明伦之约——走近"东西十二斋房" ………………… 32

明伦之约——走近"塔"与"湖" …………………… 37

明伦之约——走近东城墙 …………………………… 42

明伦之约——走近小礼堂 …………………………… 47

明伦之约——校园的路 ……………………………… 52

金明之约——校园掠影 ……………………………… 56

明伦之约 ——走近逸夫楼 …………………………… 59

## 二 | 人物篇

忆往——我与大师点点情 ……………………………… 69

明伦月儿圆——作家孟宪明先生印象 ………………… 74

一幅珍贵的照片——王国权、周而复两位世纪老人

   的握手 ……………………………………………… 78

他在灯火阑珊处（报告文学）——记任访秋先生 …… 82

心中的雕像——忆周守正先生 ………………………… 94

心灵之约——走近李大钊 ……………………………… 97

明伦之约——走近林伯襄 ……………………………… 101

笔走龙蛇　血沃中原——走近校友邓拓 ……………… 104

飘荡的音符　流淌的旋律——走近校友马可 ………… 110

明伦之约——忆牛庸懋先生 …………………………… 115

明伦之约——追忆张如法先生 ………………………… 120

明伦之约——记宋应离先生……125

明伦之约——张豫林先生印象……130

明伦之约——走近王振铎先生……138

明伦之约——忆周启祥先生……142

明伦之约——忆靳德行校长……146

明伦之约——走近程民生教授的学术人生……149

明伦之约——走近张大新教授……155

明伦之约——记刘建中教授……160

明伦之约——走近栗胜夫教授……165

明伦之约——走近刘泮峒教授……173

明伦之约——忆吴雪莉教授……179

明伦之约——记忆中李润田老校长"两件小事"……185

明伦记忆——河南大学名人名家系列之王国权……189

明伦记忆——河南大学名人名家系列之周而复……194

明伦记忆——河南大学名人名家系列之赵九章……198

明伦记忆——河南大学名人名家系列之冯友兰……202

明伦记忆——河南大学名人名家系列之王立群………… 207

明伦记忆——河南大学名人名家系列之袁宝华………… 217

明伦记忆——河南大学名人名家系列之嵇文甫………… 222

明伦记忆——河南大学名人名家系列之董作宾………… 227

明伦记忆——河南大学名人名家系列之赵毅敏………… 233

明伦记忆——河南大学名人名家系列之侯镜如………… 238

明伦记忆——白寿彝先生 ………… 243

明伦记忆——党鸿辛 ………… 249

明伦记忆——冯景兰 ………… 256

明伦名家——罗廷光 ………… 262

明伦记忆——访著名校友王鸣岐 ………… 267

明伦之约——走近画家丁中一先生 ………… 271

## 三 | 情志篇

母校，109 岁生日快乐 ………… 281

秋雨，吹落一片思绪 ………… 286

遇见美好 …………………………………………… 288

澳大利亚掠影 ………………………………………… 291

季节的风为你吹拂 …………………………………… 297

冬之约 ………………………………………………… 301

冬日暖阳 ……………………………………………… 304

晨阳如歌 ……………………………………………… 306

相约每天看太阳升起 ………………………………… 309

人生、信仰、力量——由李大钊与卓娅所想 ……… 313

五月榴红 ……………………………………………… 316

明伦心语——假如，能有三天光明 ………………… 319

毕业的夏季，我们这样表白 ………………………… 323

明伦细语——"班车族"琐记 ……………………… 342

"静音沉璧"融媒体工作室和"'静音沉璧'叙说
　　河大"揭牌仪式圆满举行 …………………… 345

瞬间 …………………………………………………… 353

守望岁月——一位河大人的心灵悟语 ……………… 355

一颗最美的星——怀念聂明 ………………………… 361

母亲，那风中飘动的白发 …………………………… 365

生命·成长·告别——人生偶感 …………………… 369

书香弥漫——父亲节 ………………………………… 373

雪域高原之行——随笔散记 ………………………… 376

## 后记 …………………………………………………… 389

# 一 建筑篇
JIANZHU PIAN

河南大学行政学院师训一班毕业摄影纪念（一九四九年十月十二日）

一 | 建筑篇

# 生命之约——走近大礼堂

沿明伦校区南大门三百米长的中轴线北行，到达广场北侧，一座宏大建筑——大礼堂映现眼前。它巍峨壮观、中西合璧、厚重典雅、磅礴大气，令人震撼！

大礼堂，位居校园南北、东西中轴线交汇点，占地3932.35平方米，南北长73.75米，东西宽53.32米，高24.4米，总建筑面积4687平方米。建筑平面按功能将门厅、观众厅、舞台三部分沿南北中轴线分布，看台分池座、楼座上下两层，有观众席2816个。整个设计，借用声学、光学之原理，融视觉、听觉为一体，设计功能完备，理念超前，为中西合璧宫殿式建筑。

大礼堂，由时任校长许心武（曾留学美国，1931年5月担任校长）领衔设计。1931年11月20日破土动工，1934年11月28日落成，历时三年，耗资21万元。它主体为钢筋混凝土结构，以青砖砌墙，屋顶覆以青灰筒板瓦，各脊端饰有脊兽，四角挑起，变化起伏。礼堂正立面屋身部分采用四组双柱仿爱奥尼式直抵檐口的倚柱巨柱式，柱间正中设三个双扇平开大门，门楣为悬山垂花门罩，圆形竖向中旋窗，窗套彩绘图案精美，色彩绚丽。柱头与屋檐交接处，以垂柱挂落替代，檐下垂花柱、雀替、挂落均作透雕，绘以龙头、狮子、凤鸟彩绘图案，形象逼真，栩栩如生。整个建筑挺拔高峻，气势宏大，庄严巍峨，动人心魄。它外在雄浑，内藏隽永之神韵，古朴典雅，厚重博大，是当今大学校园内屈指可数的一座独具特色的建筑瑰宝。

"此刻，已经是傍晚。抖落一身疲惫，离开办公室，走出艺术大楼，眼前是令我心动的画面！冬日大礼堂，静美、肃穆、典雅、端庄。她静静伫立在那里，注定是我的——生命之约。"（音乐学院韩梅教授语）一位在河南大学工作38年普通教师眼中的大礼堂，道出了千万学子的心灵感悟。大礼堂，已成为河大学子心目中的圣殿、人生奋斗的坐标、永远的精神家园。

大礼堂，从落成到现在，已历经近90个寒暑。它就静静伫立在那里：春，静看百花吐艳；夏，听校园蝉鸣；秋，享季节之金黄；冬，独与冰雪对话。它北与铁塔相依，与湖水相伴，湖光塔影，琴韵书声。历经三万多个白天的喧嚣、夜晚的静寂，送走日月星辰，静待花开花落。大礼堂，如明伦校园中的一幅画、一卷书、一首诗、一首歌。她用智慧之手，泼墨师生岁月成长画卷，记载百年明伦的历史故事，抒发岁月流淌的记忆，谱写下个百年动人乐章！

大礼堂的舞台两侧，河大校风"团结、勤奋、严谨、朴实"八个醒目大字，曾滋养了代代学人，成为人们永久的记忆与动力。

大礼堂，曾留下了不同年代一串串美丽的印迹——

这里，有20世纪30年代来自上海抗日救亡演剧队洪琛、冼星海、贺绿汀率队的多次公演；有50年代初河南省第一届人民代表会议在此召开的盛典；有当年在大礼堂宣布恢复"河南大学"校名时师生们的欢呼雀跃；有八九十年代同学们周末期待的电影放映；有陈景润哥

作者作品《夏日大礼堂》

德巴赫猜想报告会的记忆；有指挥家李德伦音乐指挥时的畅想；有大学生校园歌手大赛的激情涌动；有论辩会、歌舞晚会的激情与豪放；有90年校庆典礼的恢宏与喜悦；有教职工合唱比赛的热情与难忘；有历届同学们入校、毕业季大礼堂台阶前的留影；有无数次在这里唱响"嵩岳苍苍，河水泱泱，中原文化悠且长……"河大校歌时的热血与奔放！

阳光、博大、澄澈、宽阔的大礼堂前广场，有各种社团活动时的熙熙攘攘，有大雨滂沱中《同一首歌》现场直播时的激情与狂放！

无论是太阳升起时的早晨，还是彩霞满天时的夕阳；无论是月光相映，或是薄雾轻笼；无论是细雨霏霏，或是艳阳高照……路经大礼堂，人们定会驻足凝视，久久仰望，用敬慕的眼光顾盼，用心灵的语言碰撞，让心灵得到沉静，让品格得到净化、升华与释放，到达"止于至善"的人生至高、至善、至纯、至美之境界。

大礼堂，像一位慈祥的老人，以其博大胸怀，接纳一批又一批学子来到这方知识殿堂、学术沃土，栉风沐雨，锤炼成长；又像一位智者，日出日落，寒暑易节，默默守望，目送一届又一届学人从这里起步，开启美好人生征程，放飞未来与梦想……

历经世纪风雨、岁月沧桑，大礼堂已经化为人们内心的知识圣殿、大学符号、文化象征和人生坐标，成为谱写在明伦校园一首凝固的音乐与生命的交响乐章！

大礼堂，犹如一艘蓄势待发的航船；大礼堂广场，如同宽阔的知识海洋，永远承载着学子们的大学梦想，成为精神依托与温馨港湾。激励一代又一代学人们怀揣梦想，从此扬帆远航！

美哉，大礼堂！壮哉，大礼堂！

它将永远成为代代学子们的——世纪之约、理想之约、青春之约、生命之约！！

2021 年 12 月岁末于明伦校园

## 明伦之约——走近六号楼

大雪初霁,寒假后的校园少了平日的喧闹,显得格外清新与安静。漫步校园,沿明伦校区南大门主干道北行一百米,预校门北邻,博雅路东侧,一座洁白雅致的四层楼宇静坐于绿荫环抱之中。

让我们走近这座独具特色的校园建筑、国之瑰宝——六号楼。

六号楼秋景

**六号楼旧景**

六号楼，位居明伦校园中轴线东侧南部，距离南大门约100米。据史料记载，六号楼于1915年破土动工，1919年落成，建筑面积2330平方米。是学校最早投入使用的一幢教学办公楼。它突破了中国古典建筑的体量权衡和整体轮廓，平面呈"T"字形，中间部分四层，两翼三层。底层为基座，灰泥粉饰，凹凸感强，二层以上为青砖清水墙，灰泥粉窗套，西式玻璃门窗，层与层之间周围用灰泥粉水平线饰。中间部分门口设大平台直抵二层，六根爱奥尼巨柱式贯通二、三两层，柱子之间门楣和二层窗楣分别设半圆形和三角形山花线

饰，四层为红色圆券柱廊，花瓶形木质栏杆小柱。屋顶中部为悬山灰瓦坡顶，两翼为硬山四坡顶。屋顶采用传统建筑简化做法，屋面传统筒板瓦，中间四层部分正垂脊均有脊饰跑兽，悬山面有红色木制博风板，上刻卷草图案。中间部分设东西两个入口，外设大平台，类似传统建筑的月台，南向、东向、西向三面设台阶直抵二层。其屋顶、墙体对称布局，中间高两侧低，颇具中国传统建筑艺术风格，而平面布局、柱式、门窗楣饰、圆券柱廊、花瓶形栏杆及灰泥线饰、窗套又为西方建筑手法，中西建筑风格融为一体，显得格外厚重、稳固。拾级而上，站在六号楼前宽阔的平台上，举目冬日蔚蓝的天空，呼吸澄碧清爽的空气，驻足仰望，用心灵的语言与它交流对话，带给人怡静、柔美、清纯之感。凝视它，内心会纯净如初，气定神闲，波澜不惊，超然物外。回溯这座建筑的百年变迁史，倍觉大学文化之博大精深、意蕴悠长，内心充满对历史先贤的敬畏与岁月沧桑巨变的无限感慨！

在20世纪初，1919年，六号楼，学校第一座教学大楼竣工。1922年11月，张鸿烈担任校长（1919年8月至1922年11月受聘担任河南留学欧美预备学校校长，1922年11月至1927年12月任中州大学、河南中山大学校长，是预校最后一位校长，中州大学唯一的校长，河南中山大学首任校长），聘请李敬斋（1931年1月至1931年5月兼任校长）任校务主任。在李敬斋的主持下，仅用一个月时间，就精心绘制了占地五百余亩的中州大学校园整体规划蓝图。规划设计沿校园中心马路两侧依次展开，所有建筑均有统一编号，路东为双号，路西为单号。第一座教学大楼因建在校园规划图标号为"六"的位置上，故命名为六号楼，师生们已习惯并沿用至今。

六号楼的设计建造，既汲取欧美建筑设计理念，又充分彰显中国古典建筑风格，兼顾教学办公实际功能需要，形成中西合璧、质朴、简约、美观、实用的设计风格。六号楼主体建筑为中间高、两侧低、坡屋顶、清水砖墙等，均是中国传统建筑元素。圆券柱廊、门窗楣饰、花瓶式栏杆、灰泥线饰等为西方近代建筑手法。六号楼，堪称中西合璧之典范、建筑中的杰作、校园中的瑰宝。登上四楼连廊，抚栏远眺，眼前树繁枝茂、绿草如茵，预校门位于中轴线正中。登此楼，仿佛把记忆带回一百年前的那段峥嵘岁月，可以静心听一段娓娓道来的历史故事。

作者作品《六号楼：富丽、典雅》

这里，不仅是学校第一幢教学办公主体楼，也是当时师生们交流探索学术与思想的课堂，传播科学与真理的中心，追求思想与进步的圣殿与热土。

1925年夏季，这里，有李大钊为（时为中州大学）法学院师生作"大英帝国主义者侵略中国史"演讲时的动人场景。如今，六号楼右前方，李大钊铜像已成为历史与河大师生永久的铭记。

1932年3月，这里，有刚从中央苏区参加苏维埃全国代表大会归来的王国华，在此组织进步青年学生（其中有参加左联反帝大同盟的进步青年学生王国权等）秘密集会、传达中央精神的历史场景。

这里，有当年校方举办的一场场学术会、论辩会、名流大家演讲、交流会，各种文艺社团、戏剧团演出等，形式多样的活动，让同学们认识世界，增长知识，开阔眼界，丰富修养，为师生们注入一股清新的学术之风，开启了一扇扇思想与进步的亮窗……

自20世纪50年代至80年代，六号楼一直是学校图书馆所在地。之后，《河南大学学报》编辑部、河南大学出版社、《史学月刊》编辑部、建筑设计研究所、科举制实物展览馆、黄河文明与可持续发展研究中心、文化产业与旅游管理学院等先后入驻，在这里进行图书史籍展示、信息传递、编辑出版、教学、科学研究等，共同见证着学校的变迁发展与成长。

踏着渐渐融化的积雪，慢慢走近大雪过后的六号楼，整个建筑肌体从视觉慢慢融入心灵，好似亭亭玉立、冰清玉洁的出水芙蓉，犹如冬天里一座暖暖的心灵殿堂，一幅水墨油画，一段永不尘封的故事……

六号楼，以其卓尔不群的建筑风格、独有的特色韵味，耸立在明伦校区，散发出诱人的永久魅力！

六号楼，历经103个春夏秋冬，建筑犹在，风韵犹存，古风新韵，一颗熠熠生辉的校园建筑明珠。唯愿其亘古永驻，代代流芳！！

2022年1月2日夜初稿
2022年1月9日再稿于明伦校园

# 明伦之约——走近七号楼

阳春三月,春暖古城。

百年河大,春潮涌动。

置身于110年的明伦校园,门堂楼房,一草一木,处处皆景,流连忘返,韵味无穷。这里坐拥中国最美近代建筑群体,堪称"国宝",成为当今大学校园不可多得的建筑珍宝。明伦校区,大礼堂至南大门中轴线南端右侧,有一幢雍容华贵的至美建筑——七号楼。

六号楼、七号楼两楼隔博雅路相居相望,位居于校区中轴线东西两侧,分别落成于1919年与1925年,为同时代建筑,堪称"姊妹楼"。

七号楼,于1921年开始兴建,历时四年竣工。在设计理念上,将中国传统建筑特色与西方古典建筑手法巧妙融合,乃20世纪20年代中西合璧、理念超前、独具特色的近代校园建筑杰作。

鸟瞰七号楼平面,南北向呈"I"字形,南北长64.90米,东西宽32.04米,中部为内廊式,两侧设置普通教室及办公室,南北两翼设置大教室。楼高三层,其中半地下室一层,总建筑面积4350平方

一 | 建筑篇

七号楼旧景

作者作品《七号楼前的牡丹园》

米。楼体设计大气磅礴，布局巧妙，功能完备，浑然天成。

远观七号楼，楼体修长、博大、恢宏、厚重。走近她，又觉柔美、温和、质感、灵动。

让我们一同走进这座飘逸洒脱的七号楼，轻轻触摸，静静与她对话交流。步入楼前，可见楼体的东、西、南、北四个方位中部均设有出入口，每处设一部楼梯。建筑平面沿南北呈典型的横向五段式构图，东西入口门廊较宽，外形为两小一大三开间，楼梯为先分后合式，南北入口门廊较窄，为单开间，楼梯为双跑式。

四个外凸的入口门廊均依据功能确定平面，西方古典柱式装饰墙面，传统的屋面形式统率着整幢建筑，中国式屋顶、柱廊与西方柱式、基座相融合，巧妙绝伦，宽敞通透。平面沿四个外凸的入口门廊均为单层歇山卷棚屋顶，墨绿圆形木柱，鼓形石柱础，红漆木扶手及罗马柱形栏杆，檐下木质挂落和雀替，尺度轻巧通透，雅致明快。建筑立面处理为典型的竖向三段式，其中屋顶在南北两翼为歇山式，东西方向采用两个双坡人字形屋顶加平顶组合形式，突出屋面的气楼，像跳跃的音符，美轮美奂。

上部的歇山屋顶，通过中间的单坡房檐，完成到下部门廊的卷棚屋顶的自然过渡。歇山式屋顶四角悬挑飞檐，上置套兽，轻盈灵动，如翚斯飞；屋身部分为二层、三层，窗间扶壁为塔司干巨柱式，贯穿两层，圆柱直通檐下，挑檐下设雕刻精美的垂柱及木雕挂落。立面窗洞形态以竖长矩形为主，窗为木质，朱红色油漆，精雕细刻的木窗及腰檐与简洁的塔司干巨柱交相辉映，完美结合。整个半地下室按基座层处理，水平向深深的凹槽体现建筑的端庄和沉稳，密集纤细的线角传递着建筑的精致与秀丽。

整个建筑立面层次丰富，色彩明丽，装饰细腻考究，显得华丽而典雅。楼内四面均开有门，可临窗观景，眺望楼外。春夏之际，绿树成荫，花木芬芳，景色诱人。深秋，楼宇被棵棵银杏环抱，飞檐从缕缕金黄中透出，光彩夺目。微风徐来，可听楼檐铃声，丝丝入耳，如沐春风。冬季，落叶萧萧，银装素裹，更显挺拔，如遇大雪飘飘，雪拥楼，楼戴雪，一幅天然泼墨画，可谓巧夺天工，美不胜收，奇妙无穷。楼东正对面为大礼堂花园，绿草如茵，竹叶婆娑，曲径通幽，逢花季，牡丹红遍，百花争艳，姹紫嫣红，蜂飞蝶舞，相映成趣，好一幅校中田园！

七号楼，北门，这里曾留下一段鲜活的时代印记，成为不可磨灭的历史丰碑。1937年6月，国民党反动派在此将参加中共进步活动的法学院学生——时年20岁的邓拓逮捕。北门南侧，一方朱红石碑默然耸立："去矣勿彷徨，人生几战场！廿年浮沧海，正气寄玄黄。……"这首狱中诗，表现了邓拓那铮铮铁骨、凛然正气、舍生取义、乐观豁达、报效祖国的精神品格；这方石碑，成为我们永远的怀

作者作品《绿树掩映七号楼》

念与敬仰。

　　七号楼，以其博大厚重，为明伦校园增添了几许豪气与典雅；历经百年风雨的建筑肌体，成为河南大学的时代印记与跨越世纪发展的有力见证。

　　七号楼，自1925年落成后，学校教学空间从六号楼逐步扩展转移至此，直到1959年，这里都是学校的主体教学楼，历经了中州大学、中山大学、河南大学、国立河南大学、河南师范学院、开封师范学院等6个重要时期。中州大学时设有文理两科，七号楼半地下室为理科的化学生物实验室。20世纪50年代后期，河南历史研究所（1958年3月成立，是河南省第一个社会科学研究机构）、学校党委宣传部（1958年）、电教馆（1984年）等单位先后入驻。1985年之前，七号楼主要用作图书馆，图书馆迁出以后，七号楼南面大部为历史文化学院、北面局部先为教育科学学院后为新闻与传播学院所用。2007年7月31日新闻与传播学院整体迁至现在的五号楼后，该楼全部为历史文化学院使用至今。七号楼，用她坚实的身躯默然守望，续写永不尘封的河大故事。

　　七号楼，承载了太多的历史故事，见证了学校百年发展与时代变迁。

　　七号楼，一座建筑，一部史书，一首乐章，以其独有的英姿，屹立明伦校区，成为永远的建筑经典。

　　七号楼，心目中的女神！

　　七号楼，永不缺失的美！

　　七号楼，永远的梦萦、心仪之地……

2022年1月12日初稿<br>
2022年2月6日再稿<br>
2022年2月9日三稿

## 明伦之约——走近贡院碑

八朝古都开封,物华天宝,人杰地灵。

明伦校园是一片神奇的土地。

明伦校园,这里的一草一木、一砖一瓦,都在讲述一个个历史传奇故事。"东工字楼"南邻,我们脚下的这片土地,延续千年的中国科举考试,在这里画上句号,成为终结之地。这里是一片知识文化、人类文明进步的交汇地。微风徐来,竹叶婆娑,静静伫立三方碑文前,默默凝望,犹如站在时空的长廊,把记忆带回到百年前那人流如织的时光。

中国科举制度可谓中华文化长河中的一朵浪花。明清时期,科举考试分为乡试、会试、殿试三个等级。会试是由礼部主持的全国考试,时间在春季二月,第一名为会元。河南贡院承办了1903年、1904年两次会试,至1906年,历经上千年的中国科举制度废除。如今,这里成为"铁塔学子"们读书求学之地,化为一段历史的记忆。

河南贡院碑

河南贡院碑

明伦校园是清代河南贡院遗址,校园现存有清代河南贡院碑二座,属国家重点保护文物。清雍正十年(1732)立"改建河南贡院记"碑,记录河南巡抚田文镜将河南贡院从龙亭迁移过来,占据原铁塔寺下院上方寺旧址,设考棚,建执事楼、明远楼、致公堂等,有号房近万间。清道光二十四年(1844)立"重修河南贡院碑记"碑,记录道光年间黄河决口拆贡院砖石堵口,重建贡院事,修葺旧馆舍,扩建号房万余间。二碑均为清代河南贡院遗物。原有道光十一年

（1831）由林则徐书丹的贡院碑，缘于洪水丢失，2012 年洛阳校友会访得贡院碑拓片，重竖石碑作为百年校庆贺礼。

贡院碑，记录一段历史，成为时代与文化的见证，历史的印记！贡院碑，永不褪色的记忆，明伦校园也注定成为中国近代教育发展长河中的文化符号、历史的瞬间与永恒！

2021 年 12 月岁末初稿

2022 年 2 月 22 日再稿

**附：贡院三碑全文（史料及碑文由校史馆王学春老师整理提供）。**

## 改建河南贡院记

余奉命抚豫之三年，即今上御极之四年。丙午科乡试，例得监临场屋。惟时即见闱中多水，初以为秋雨偶然耳。越己酉，晋秩制河东，仍得专豫省监临事，而闱中之水如前，顾谓同官曰："是非偶然也。"撤棘后，相与登高而望，恍然有得其受水之故。因以推夫水之所由来，盖闱以外，其东西北三面皆水塘，埒起如环墙，而以闱中为釜底，凡雨水之汇归于塘者，复自塘渗入于院，宣泄无由，垫高不易，是此水永无涸期矣。咸起而请曰："公莅豫六年，事无巨细，有未便者即请诸朝，次第就易，况抡才重地乎！非择善而迁焉不可。"余从而下其事于方伯，转及郡县，于省治之东得隙地，方广一顷九十七亩，固高原爽垲也。形家者言：是为辛亥之龙，居奎壁之度，紫微垣于乾，文昌宫于巽，且铁塔正当天禄，而魁阁恰在离明，洵称吉地。叩其值，不及二百金，如数许之，有者亦乐从焉。遂进工师而命之曰："堂楼舍所，悉仍旧制，拆其可者，移之而来，余则补之，所不可无者增之。"如此而已，共估银二万五千五百五十六两有奇。余用敢推广朝廷德意，具状以请疏入。天子曰："可。"于是鸠工庀材，卜吉从事。经始于雍正九年七月二十七日，而乐成于十年六月十二日。他无改作，兹不具赘。惟于闱垣之外，得余地数十丈，非若前日之环以洼池深泽也。新添屋七十有五，以为各执事栖止之所，非若前日之缀以芦棚苇舍也。门之前左右两坊之间，势复宽衍，非若前日之逼临阛阓，湫溢嚣尘也。而规制深严，栋宇宏丽，更非昔比矣。是役也，董其事者，总理则署布政司事分守粮盐驿道副使张建德；协理则开封府知府刘湘；监督则彰德府同知章兆曾；协督则开封府通判李纶；度支出入则祥符县知县刘辉祖；采买物料则杞县县丞韩仪、西平县县丞张惟唐、兰阳县典史王钟也。财则动诸正赋，力则雇诸佣工。不数月间，将积年所苦举而易之，如拔泥涂而登衽席，岂非快事。虽然，幸我圣天子，崇右文教，加惠儒生，而乃有此殊典。多士克生是邦，遭逢其盛，得以永免沮洳，从容拜献。将来群英辈黼黻，皇猷共彰，雅化于亿万斯年之久何，莫非今日之经营图度始也。因撮其大略，寿之珉石，俾知此新院之成也，其来有自。

太子太保兵部尚书总督河东等处地方提督军务兼理河道督理
营田兼都察院右副都御史加十三级记录七次田文镜撰
大清雍正十年岁次壬子季夏之吉

## 重修河南贡院记

兵部侍郎兼都察院右副都御史巡抚河南等处地方提督军务兼理河道督理营田 崇阳 杨国桢撰文
河南等处承宣布政使司布政使　侯官 林则徐书丹；河南等处提

刑按察使司按察使　长白　麟　庆篆额；豫省贡院，自顺治间创建于会城中央，即明周藩邸旧址，至雍正九年，总督田端肃公以其地洼下改建于东北隅，形势既高无虞积潦。当时请帑仅两万五千余两，盖堂楼舍所拆其可者移以来，余者补之增之，如此而已。历年久远，栋楹宯桷，盖瓦、级砖之属，皆残缺朽弊，虽岁事修葺，而颓落有不可复治者。且我国家二百年，乐育涵濡，人才日盛，比岁试额多至万余。旧号舍既不足以容多士，则益之以芦棚，旁风上雨，士子病之。

余莅豫之初，抚军新安程公即思为修治，计会以忧去未果。余旋蒙恩命，由藩司擢任巡抚，岁戊子以监临入闱，周回相度，恐不修且坏，修之则倾圮已甚，又虑事之不易集也。于是，开封守栗君，起而请曰：公前此尝移建大梁书院，而义学之设，殆遍中州，凡此类非易事，实力为之，卒皆能有成。矧抡才重地，及今从容以图，又安知无收效之日耶？余心然之，乃捐廉为同官倡，官绅士庶亦各次第乐输。适栗君转盐粮道，而河南府存守调任开封，仍俾栗君率存守总其事，商之学使仪征吴君，选都人士之廉能者，庀材督工，一切官为，复核吏胥不得假手焉。于是扩东西隙地，筑新号二千有奇，未及经费稍集，复议筑长垣，拆旧号九千余盈，一律修整，高广加于旧四之一，不惟廓其有容，且免向者席舍之苦矣。顾百执事治公之所，则犹未暇及也。已而，捐资日充，而新安程公由司空出抚湘南，过豫留白金千两，乃商之司道诸君，为筹其工之缓急，佥议曰：文明堂、致公堂、明远楼，颇皆完好，监临院、提调监试两署取足办公，此无庸更张者也。两主考公廨、内监试官房及东西经房，则宜稍拓而更新之。更有亟须改图者，内收掌官及榜录吏向与经房同院宇，殆非所以昭严密，请移内收掌于东经房后，而以榜录吏置内监试之西，庶便关防。若录封所、对读所、誊录所，地狭人众，错处熏蒸，供役者易至草率从事，宜易浅隘为爽垲，易颓败为完固。余是其议，令以次兴工，毋赘毋侈。

通计前后所修，为号万有一千八百六十有六间，为屋百有九十有九间，凿井五，以供汲饮，甃池八以消停潦。溯自经始洎落成，历时以月计者二十有三。为费白金以两计者，七万三千三百有奇。视囊所用之数，且逾再倍，其成之之难如此，抑犹幸，时和年丰，里闾乐业，出有余之积，以建不朽之规。不费一帑不役一民而事毕，举向所虑为艰巨重大者，卒从容后先告竣。此固余始愿所不及，不可不告我后来，而一时同官倡率之勤，荐绅替襄之力，与夫全省士民趋事赴功之美，皆非可以泯没不书者也。

是役也，总理则前布政使今授刑部右侍郎戴宗沅、布政使林则徐、前按察使今授福建布政使惠吉、按察使麟庆、前开归陈许道今授湖北按察使栗毓美、粮盐道黎学锦、开归陈许道张坦。协理则署理彰怀卫兵备道开封府知府存业、署理开封府知府下南河同知王掌丝、前祥符县知县今授光州直隶州知州刘荫棠、祥符县知县邹鸣鹤、候补知县周禺潢、严芝、王依中，布政司库大使邢牧、布政司都使邢得和、候补布政司库大使程廷镜、候补直隶州州判屈文台、候补县丞张沂、武安县典史陈肇奎。购料则祥符县贡生申儒、廪生万金镛、附生崔含辉。会计则候选知县张光第、候选训导宋佩经、拔贡常茂徕、副贡崔家荫。监工则拣选知县谢方里、州同衔石绍庭、举人石鉴、按察司照磨衔邢镇宇、廪生李棠、附生王静观、马光溥、高念祖、冯朝相、监生景步逵。

道光十一年岁在辛卯秋七月辛亥朔立石

## 重修河南贡院碑记

国家劝学敬教，崇化历贤。直省都会宾兴校士之地，必扩其次舍，办其职守，严其藩棘，固其垣墉，所以慎考核而简畯良也。中州贡院，明初因元臣竺贞故宅为之，在浚仪街苟完而已。其后一移于城西南隅，再移于旧巨盈库。至季年河患，遂远迁于辉县苏门山，不克修复。我朝顺治中，始规城西北故明周邸，以为试所，缔构权舆，规模尚隘。其移建今地，则前河东总督田端肃公之所为也。拓号舍至九千间，然犹不足容多士，每试辄编芦架木为棚号附益之。道光己丑，前抚院崇庆扬公捐廉，率属士民输者相继，于是廓而大之，增其舍至万有一千八百六十六。其后十年，予奉命来汴，适有事棘闱，揽其经营之迹，宏远周备，为心仪者久之。辛丑之夏，张湾河决，会城当其冲，怒涛澎湃，上薄埤堄。前抚部武威牛公督率文武，登城捍御。而城中素无储秸，其在工次相距远，即调发不能以时至，乃用前河督栗恭勤公砖工之法，设厂悬购，橐下之，以拒水，水辄却。顾民间储砖少，旬日而尽。时犹在伏汛，大波却而复上，城益损坏，方事之急。或言于有司，以贡院地近，盍用其砖以拯危难？不得已而从之。得砖数百万，城赖以全，及河复故道，井庐安堵，琐尾来归，于是图所以修我疆事者，则建复城墉，浚隍疏渠，将以次举行。予惟古者安集劳来之政，在定民志而已，而士为民首，学校兴而士气复，政乃有成，况是为宾兴校士之地，尤亟务也。遂于壬寅七月兴工，明年四月蒇事。惟至公堂、誊录所完固仍其旧，余率重建。鳞次栉比，万厦一新。凡官府次舍，栋极柱石，丹垩焕然，顿还旧观，计修建工所七百八十二间，重建号舍万有九，葺复者千八百五十七，凿井五，凡糜制钱十一万有奇。是役也，监司郡守程督既勤，而汴之士大夫，输枕劝功，亦罔不尽力，以克底于成也。夫豫省固先贤桑梓地也，流风遗韵至今，多悫学敦行之士，又躬被右文之化，每科应试，来诸岁额有加。当水患未平，犹闻有执经请业于其师者。而两年以来，予从都人士共事城垣，类皆志行醇谨，笃于尊亲之谊，其风尚尤美。于以仰见圣世之教，思容保至深且厚，而菁莪乐育，贤才奋兴，固有过于前代得人之盛者矣。及试院工落成,书以发之,并以为多士敦勖焉。

  兵部侍郎兼都察院右副都御史巡抚河南等处地方兼提督衔长
      白鄂顺安撰
    前两江总督河南巡抚武威牛鉴书
  道光二十四年岁次甲辰十月上浣吉旦

## 明伦之约——走近南大门

春潮涌动，百花吐蕊。

"从此雪消风自软，梅花合让柳条新。"

又是一年春好时。

2022年9月，即将迎来建校110周年的河南大学，是一所令人尊重、令人敬仰的大学。

明伦街85号，这个令多少学子心动、向往、铭记于心的街道，时刻停留在河大学子人生最美好的记忆深处。

南大门——如镶嵌在明伦街的一颗明珠。每次出入都是一次惊喜，每次仰望都会成为过往，每次路过都会打开记忆的闸门。据校史料记载，南大门，是1936年刘季洪（1935年6月至1938年10月任省立河南大学校长）校长按李敬斋（1918年至1922年任河南留学欧美预备学校校长）、许心武（留美博士，1931年5月至1933年8月任省立河南大学校长）两位先生1930年校园规划的蓝图设想设计兴建的。

作者作品《熹微晨光南大门》

许心武邀请李敬斋（1931年1月－1931年5月兼任河南大学校长）一起对中州大学时期校园规划图进行了布局调整，废弃中州大学校门，将校园中轴线西移，规划以现在的大门、大礼堂为中轴线，左右分别有六号楼、七号楼及东西十二斋房，从而奠定了明伦校园整体空间框架布局。南大门成为学校规划序列空间的重要开端，成为明伦街一道亮丽的风景线。

南大门，位居河南大学明伦校园中轴线的最南端，南临明伦街，北与中心主体建筑大礼堂遥相呼应。整体建筑中，一部分为中间两个四柱三牌楼庑殿顶工字脊组合加紧邻两侧的硬山顶值班室建筑；另一部分为再往两侧单檐庑殿顶的上下行机动车出入口建筑，中间部分东西宽13.4米，进深7.8米，占地面积104.52平方米，下设三门，中门高3.7米，宽4.84米，大型汽车可通行，两侧门可供行人通过。

门楼两侧各有长6.1米，宽4.6米，约占地面积28平方米的耳房

一 | 建筑篇

不同时期的南大门

一座。大门为南北两个牌楼圆拱相连,砖木及混凝土混合结构。中为正楼,通高10.39米,两边为次楼,形成重檐效果。大门上有筒板瓦、花脊走兽,下有斗拱承檐,椽飞起翅,四角如翼。正楼匾写"河南大学",现为宋代书法家米芾墨宝。次楼匾额镶古典花纹,檐下额枋、雀替均作彩绘。

大门北面正中上额用柳体金字横书"止于至善"四字,右书"明德",左书"新民"。此语出《礼记·大学》:"大学之道,在明明德,在新民,在止于至善。"意为修身育人,追求至善至美之境界。"明德新民,止于至善"便成为师生们代代遵循的校训。为适应学校迅速发展及交通需求,2002年,建校90周年时,完成了南大门扩建工程,实现人车出入分离,实现门禁系统数字化、信息化。

作者作品《门楣校训:明德新民　止于至善》

南大门，栉风沐雨 90 年，已成为大学的坐标、学子的桂冠、知识的走廊、人生的起跑线、社会的窗口、记忆的闸门，成为人们过往凝望、驻足敬仰的殿堂。百年学府，英才辈出。百年风华，历久弥新。南大门，记不清多少次出入这里，它终将成为千千万万莘莘学子永难磨灭的青春成长记忆……一段大学时代的青春岁月，历经知识与阅历后留下来的一道彩虹，一行行奋斗与成长的足迹，一片热情涌动后生命的灿烂与希冀！

南大门，无数学子们心中的期盼，代代学人们永远的大学记忆与梦想！

南大门，眼中的圣殿，心中的敬仰！！

*2022 年 1 月 24 日初稿*
*2022 年 2 月 6 日再稿*

## 明伦之约——走近"东西十二斋房"

辞书释"斋房",为斋戒的屋子。后常用于书房、学校宿舍等。河大明伦校园主干道两侧就分布有十二幢、两百余间这样的"斋房",连体成片,有序分布,蔚为壮观。

沿明伦校园南大门至大礼堂中轴线两侧,依次分布有优雅别致的建筑群体,东有十斋,西有二斋(史料载,原规划设计东西各建十斋,后因故未实施),统称为"东西十二斋房"。

东西斋房,与明伦校园大礼堂、六号楼、七号楼等均为第六批全国文物重点保护建筑。当初设计功用为学生宿舍,从整体设计到完全建成历时31年。1921年建成西一、二斋,东一、二斋;1926年建成东三、四、五、六斋;1952年建成东七至十斋。整个建筑设计规整有序、整齐划一,每幢斋房建筑面积为552.48平方米,均为三层,内廊式布置,走廊内北墙设取暖壁炉和烟道、火墙,走廊尽端为木制楼梯,每层走廊两侧各三间,二、三层尽头各有一小间,共20间。各层均为木制楼板,底层架空,架空处南北墙上设通风孔,防潮除湿,保护地板。楼体为砖木结构,屋面为横三道屋脊,屋面四周有城垛式

一 | 建筑篇

作者作品《桃花盛开东斋房》

女儿墙相围,每个斋房门口均有悬山顶垂花门罩,顶部覆以筒板瓦,两个垂花柱之间镶刻大小不等、形状各异的30块木雕花板,内容是梅兰竹菊、珍禽奇兽,是整幢建筑的点睛之笔。按平面布局,从山面入口,西式格局,屋顶为东西三个人字形双坡顶勾连式组合,中西特点兼容。每间使用面积为15.6平方米,可放置四张单人床,墙上设四个壁橱供放书籍,第三层房间内窗台下地板上设有逃生钩和逃生锁,设计缜密、细致,功能完备,成为高校宿舍建筑中的经典之笔。

据史料记载,1936年,东北大学南迁期间,该校师生们曾在斋房度过了一段学习生活时光。同年4月26日,张学良将军曾亲临明伦校区东斋房看望师生。这里,成为弥足珍贵的历史记忆。

随着学校事业规模发展壮大,20世纪七八十年代后期,东西斋

开封中州大学东一斋

房,曾经是历届刚留校年轻教师集体公寓,阁楼雅居,简约生活,其乐融融。老师们从公寓迁出后,这里曾经分布音乐系(东九斋)、工艺美术系(东十斋)、民生学院、资产经营有限公司(东四斋)、区域与国别研究院(东五斋)、《化学研究》编辑部、总务处(东七斋)、招生办公室(东一斋)、《河南大学学报》编辑部(东二斋)、希腊文明研究中心、黄河文明协同创新中心(西二斋)、心理咨询中心、廉政文化中心等,是部分学院及职能单位学术研究机构所在地。斋房,那朱红色的木质楼梯、地板,青砖红瓦,那份肃静与淡然,给师生们留下几许美妙回忆。

东十斋房,位居南大门至大礼堂中轴线东侧,自南向北,鳞次栉比,与大礼堂交相辉映;西二斋位居七号楼西南侧绿荫丛中,尤显得幽静安然。礼堂两侧设置斋房,正是中国古代书院制传统布局,体

作者作品《斋房小径》

现讲堂左右布置斋舍的显著特征。东西十二斋房，自成规模，设计感强，视觉观感有序、和谐、完美，成为中国高校风格独具的宿舍建筑群，也给明伦校区增添了一片亮丽的风景。

东西斋房，简约有序的建筑组合，似一排排琴键，凝固的乐符，琴瑟和鸣，弦歌不辍，赓续百年学府新的世纪奋进乐章！

明伦，我们的大学，我们曾经朝夕相处的斋房，我们共同的心灵记忆……

2021 年 11 月 6 日初稿

2022 年 2 月 6 日再稿

一 | 建筑篇

# 明伦之约——走近"塔"与"湖"

作者作品《铁塔湖畔》

  这里是一片怡静灵动之地。

  明伦校区东北隅,一方城墙环绕,沿墙内栈道北行,可至铁塔脚下,塔边湖水波光粼粼,湖光塔影,墙影入湖,浑然天成。这里,春天,鸟语百花,绿柳如茵;夏日,百荷吐艳,蜻蜓戏莲;秋日,遍地金黄,层林尽染;冬日,塔湖一色,静谧怡然。

  沿东环内城墙临湖西望,这里有一座屹立千年的铁塔,它北依城墙,南邻校园,东临湖水。它植根沃土,栉风沐雨,虽经千年黄河变迁，塔基已被埋没，但它巍然屹立，成为最具中国特色的楼阁式建筑的历史见证。

铁塔，又名开宝寺塔，宋朝时，开宝寺为皇家寺院。宋初太平兴国时期（公元976—984年，宋代皇帝赵光义历时八年），公元981年寺内始建为木塔，由北宋著名设计师喻浩为供奉佛祖释迦牟尼佛舍利而建造，历时八年建成，木塔为十三层，建成60年后（宋仁宗庆历四年）被雷火焚毁。公元1049年，宋仁宗下诏重建改为砖塔，以褐色琉璃砖瓦镶嵌，远看酷似铁色，从元代起俗称"铁塔"。时塔高为55.88米，八角十三层，设计精巧，居我国现存琉璃塔之首。塔身质地华丽，遍砌花纹砖，浮雕释迦牟尼、飞天、狮子等50余种图案，生动细腻，呼之欲出。

"擎天一柱碍云低，破暗功同日月齐。半夜火龙翻地轴，八方星象下天梯。光摇潋滟沿珠蚌，影落沧溟照水犀。文焰逼人高万丈，倒提铁笔向空题。"（元代冯子振）这首诗描述的"铁塔燃灯"曾经是这里一项独具特色的传统民间节庆活动。燃灯时呈现"八方星象下天梯""铃声遥带野风飘"的鲜活生动的场景与韵味。近千年来，铁塔遭遇过38次地震、10次冰雹、19次风灾、17次雨患、6次水患（黄河泛滥导致塔基渐有淤没），迄今，巍然屹立，堪称建筑奇迹。1938年5月，日军围攻开封，铁塔惨遭炮击，北面4—13层损坏严重，塔顶留下60多处枪伤。1952年10月30日，毛泽东主席亲临塔下视察，特别指示予以修整。1957年6月，铁塔修葺一新，以崭新的姿容耸立于此，成为古都开封的地标与象征。

登塔远眺，白云萦绕，黄河如带，如临天梯，有"铁塔行云"之感。

历经110年的明伦校园与千年铁塔相依相伴，学子们朝可闻铁塔

20世纪60年代初，学校教师开挖美化东湖（铁塔湖）

作者作品《湖光塔影》

铃声,晨读锻炼,晚可漫步铁塔湖畔,寻求思想与学术灵感。铁塔的质朴、挺拔、坚韧,早已融入学子们的血脉与灵魂,"铁塔牌"已成为河大学子的代言与化身。

目前,铁塔公园与学校之间围墙已拆除,一条蜿蜒曲折的小河从塔下川流而过,流水潺潺,公园与明伦校区小桥相连,融为一体。近观铁塔,更显高耸挺拔、巍峨壮观,铁塔铃声与琅琅读书声相伴,城墙环抱,塔水萦绕,湖畔塔影琴韵、溪水书声,好一幅"非淡泊无以明志,非宁静无以致远"的天然诗书之意境。

铁塔湖,这里是一个"人工奇迹",因毗邻千年"铁塔",故名

"铁塔湖"。

昔日，环开封城墙内四周多有湖泊，大都为历代起土垒墙抵御洪水的遗迹。开封东北角的铁塔脚下，杂草丛生，常年积水，坑洼不平。20世纪60年代，学校时为开封师范学院，托管铁塔一带地域，为美化环境，师生们组织开展义务劳动，肩挑手掘，修整校园，将荒草丛生的低洼地带，挖掘修整为东北临城墙，西依铁塔，南北长约400米，东西宽约200米，湖面9.6公顷，湖光宜人的"铁塔湖"，成为同学们休闲读书的好地方。20世纪70年代末期，学校与公园分隔，湖面统归公园；90年代中期，为美化校园风光，学校将突入校园范围湖面围墙拆除，湖水与校园融为一体，成为校园东北角的一处景观，原东大门修整后，又将里边的一座校办工厂撤除，变成今天的湖滨绿茵小花园——"三观园"。从东门而入，可沿新修的栈道沿城墙北行，曲径通幽；可登临城墙举目西望，湖中塔影，湖心小岛，湖滨琴房楼，相映成趣。早晨，旭日满天，霞光铺满湖面，开启一天美好的畅想。傍晚，夕阳夕照下的塔与湖、城与墙，伴着琴房飘逸出的美妙旋律，更添几分迷人与梦幻。

一湾澄澈柔静的湖水，静静躺在城池的怀抱。铁塔，似擎天巨笔，浓墨重彩，抒发大自然和谐之美，传递大学文化之博大与永恒！

铁塔，湖水，城墙，大学，在缕缕阳光下，折射出巍峨挺拔、轻柔碧波、蜿蜒曲折、古朴厚重、浓墨重彩，勾勒出层层画面，成为我们"铁塔牌学子"永远抹不掉的大学回味与心灵记忆……

2022年1月24日初稿

2022年2月22日再稿

2022年3月7日三稿

静音沉璧

# 明伦之约——走近东城墙

　　开封古城墙，绕城池约15公里，仅次于南京古城墙，为我国第二大城垣建筑，古城龙脉，蔚为壮观。百年河大明伦校园东北隅，东城墙环抱，城校相拥，物华天宝，甚为奇观。

——题记

作者作品《湖心亭》

历史印记

黄河之滨

八朝古都

百年学府

萦绕着

一段古城垣

向人们

诉说

黄河

泛滥沉淀后的故事

斑驳的墙体

上有明清遗风

下有金元墙体

叠加交错

彰显历史变迁

久远与厚重

一帧历史的书签

将古城

大梁安远等城门装饰

一段时空的长廊

接续古老与现代文明

一段散落的故事

抒写这座城中的

杨家将岳飞与包拯

一幅长卷

把思绪带回

大宋汴梁
东京梦华
尽显
昔日的繁华
市井风俗
车水马龙

青砖铺就历史脉络
淡墨勾勒轮廓朦胧
一座古老的大学府
被城墙深情拥抱
博大绵长沧桑厚重

沿东辰路向东
墙门洞开
阳光下
那是
城墙的眼睛

历史
终将一切
化为永恒
未来
续延亘古的文明
屹立千年的铁塔

东门——时光隧道

如椽大笔

饱蘸湖水

书写塔与湖

心中的不朽与神圣

一座城

一座塔

一湖水

湖墙辉映

水韵塔影

将这所大学写进油画
融入古老与现代
永远不变的风景
…………

        2022 年 1 月 14 日于明伦校园
        2022 年 3 月 12 日再稿

一 | 建筑篇

# 明伦之约——走近小礼堂

　　明伦校园大礼堂至南大门中轴线西侧南端，有一座建于1938年的简约古朴的青砖红瓦单体建筑。这里曾是学校师生们小型集会、学习、工作及会务场所。相对于大礼堂，师生们习惯把这座小型建筑谓之为"小礼堂"。

——题记

作者作品《小礼堂——静谧、质朴》

一座
简朴到极致的建筑
一段
意蕴悠长的故事
一个
质朴、简约、熟悉的名字
——小礼堂
每每从此路过
不禁放慢脚步
默然凝视
重复聚焦
拍照无数次的底版
依然兴致盎然

多少年
它与六号楼
隔路相望
它与七号楼
默默相守
历经八十四载
春夏秋冬
含珠吐玉
不事张扬
门墙两边
"团结、勤奋、严谨、朴实"

作者作品《秋天的记忆》

八字校风

红底白字

栉风沐雨

阳光下

透出这所大学

血脉与底色

执着与秉承

淡泊与从容

打开四季的闸门

尽情想象
这里——
春天,绿树掩映
夏天,青藤萦墙
秋天,蝉鸣绿荫
冬天,肃穆端庄

一幅藏在
明伦校园的画
一段
峥嵘岁月
烽火记忆

路灯渲染明伦夜色
晨光开启校园黎明
尘封一段往事
打开一段记忆

这里,会议室
曾有过多少交流研讨
多少个不眠之夜
多少次规划与远景
这里,曾留下
多少校友的记忆、眼神、足迹
那五孔半圆形拱门

一 | 建筑篇

作者作品《冬天的童话》

青砖红瓦

朱红门窗

轻声

诉说着那段艰难岁月

承载着

这所大学

不同年代

历史与铭记

沧桑与磨砺

故事与沉香

未来与梦想……

2022 年 3 月 13 日于明伦校园

- 51 -

静音沉璧

## 明伦之约——校园的路

明伦校园,拥有一批弥足珍贵的"近代建筑群",与这些国宝相依相伴的是"三纵一横"的校园主干路。

明伦校园,这几条主干路,纵穿南北,横贯东西,简约而通畅,古朴而幽静。

您看——

博雅路纵贯校园南北。

作者作品《博雅路》　　　　　　　　作者作品《博雅路》

一 | 建筑篇

博雅路——从南门中轴线漫步到大礼堂,耸立两边的银杏树,流金溢彩,耀眼夺目。六号楼、七号楼隔路相望,小礼堂隐约其间,好似大自然浓墨重彩一幅天然油画。

塔云路——大礼堂东侧北眺,马可广场、艺术楼遥相呼应,北宋千年铁塔,行云萦绕,梵铃入耳,眼前一幅历史与艺术的长卷。

琢玉路——《诗经·卫风》中:"绿竹猗猗,有匪君子。如切如磋,如琢如磨。"这里,可以到达知识宝库图书馆。

贡院路——曲径通幽,竹影摇曳,柏树成荫。科举跨越千年,在这里成为永久的历史记忆。

静斋路——东十斋鳞次栉比,似一排排琴键,弹奏古典与现代交响之乐章……

东辰-西月路横贯校园东西。

东辰路——东门而入,便是三观园,这里,绿草如茵、湖光塔影、琴韵书声,东有栈道绕湖,城墙相拥,当早晨第一缕阳光透过城墙,可以聆听一段亘古的历史故事。

西月路——大礼堂、十号楼至西门,这里竹影婆娑,书香弥

作者作品《曲径通幽》

作者作品《文荫路》

漫……

文荫路——梧桐掩映下的武术学院，端庄大气，鸟语花香……

还有，大礼堂、小礼堂、中心花园、斋房旁边，曲径石板、鹅卵小路、绿草苔藓，缕缕阳光透过，犹若梦境……

秋末冬初，明伦校园，路，显得特别宁静，韵味无穷。这里，既有春天的鸟鸣，又有夏天的林荫，有秋天的色彩，又有冬天的气息。这里，有银杏树的满眼金色，有秋天梧桐落叶的沙沙作响，有柏树的参天与沧桑，有木瓜树的硕果与暗香……

校园深处

鲁迅曾说过：世上本没有路，走的人多了，也便成了路。

明伦校园的路，是代代学人用心与智的构筑，是历史，是智慧，是轨迹，是基石，是文脉，是书画，是传承，是跃动的书签，是人生与历程的书写，是学校的筋与脉。这些道路的变迁与发展，见证着一百一十年这所大学的成长跋涉与奋斗足迹。

这里的路，是学子们求学梦的延伸，驻足远方的起跑线，学习的港湾，生活的田园，梦与幻的点点音符……

风过无痕，叶落无声。

仰望星空，脚踏大地。

不积跬步，无以至千里。

让我们从这里出发。

路，在脚下，

路，向远方！

2023 年 6 月 3 日夜初稿

## 金明之约——校园掠影

作者作品《花丛中的那束光》

早晨,一场小雪,整个校园笼罩在氤氲之中,初冬的金明校区,洁白而宁静,湿润而灵动,博大而清爽。

教学综合楼广场北侧,绿荫丛中,一代圣贤,万世师表——孔子巨幅塑像高耸,向人们昭示着"传道、授业、解惑"的圣典,"三人行,必有我师焉"的师道与内涵……

一 | 建筑篇

作者作品《金明校区孔子雕像》

作者作品《金明校区办公楼》

　　金明校区人工湖水系，引黄河之水，溯中原文化，滋育人之地，显大学精神。黄河，母亲河水在校内流淌，成为金明校区内的一条血脉，文化之源，尽显大学校园之气息与神韵。诠释着"问渠那得清如许，为有源头活水来"的半亩方塘，云影天光……

　　沿中州路自伯襄路至综合教学楼向西可至办公楼。这条路，梧桐成荫，绿柳依依。路南分布着镜如湖、访秋湖；综合教学楼东边有先闻湖，湖中天鹅戏水，波光粼粼，师生们称其为"天鹅湖"；雪垠路自北门向南延伸，旁边分布软件学院、计算机科学学院等，计算中心大楼可到达金明图书馆，图书馆广场博大、壮阔，犹如一方知识的海洋。秋天，这里榴红映天，石榴朵朵，花团锦簇；曲径通幽处，修竹猗猗，红叶烂漫；旁边的雪垠湖微波荡漾，仿佛在追忆一位著名作家与历史人物的传奇故事。

　　文澜路湖边垂柳如丝、湖面如镜，夏秋之季，湖中蜻蜓戏荷，诗意一片。琴键楼倒映湖中，如诗如画，如梦如幻。

　　以著名哲学家冯友兰、地质学家冯景兰名字命名的"双兰路"，独辟蹊径，珠联璧合，浑然天成……

作者作品《金明校区图书馆广场》

金明校园，春夏秋冬，花木繁多，梧桐成行，柳树成荫，石榴绕枝，竹林茂盛，樱花、海棠花、蜡梅花、迎春花、百合花、木棉花相继开放，装缀其间，花的世界，花的海洋……漫步校园，倍觉旷远而幽静，心旷而神怡。绿荫丛中，姿态各异的雕像散落其中，为校园增添几许田园般色彩，文化意蕴、生动与雅趣……

金明校园，路－湖－塔－楼－树－花－草－石－径－溪，多种元素，把金明校区勾勒成一幅五彩斑斓的《金明图》，令人驻足留恋……

作者作品《金明校区锥形报告厅》

2022 年 11 月 22 日小雪时节

12 月 4 日再稿

# 明伦之约 —— 走近逸夫楼

建筑是凝固的音乐，静止的音符，飘动的色彩。

明伦校园之美，美在城墙为邻，铁塔相伴，湖水相依。美在建筑。美在质朴、典雅、厚重，美在内涵与个性。

明伦校园除拥有规模较大的近代建筑群外，还有20世纪90年代一批独特建筑——逸夫科技馆、逸夫图书馆等。

逸夫科技馆（原名理科综合楼），逸夫图书馆（原名图书馆东馆），这两幢建筑，均由香港邵逸夫先生捐赠兴建，坐落在明伦校区西南隅，南北相邻，遥相呼应，独具一格。

伴着春日里飘来的阵阵花香，让我们一起走近逸夫楼。

## （一）逸夫科技馆

邵逸夫（1907－2014年）原名邵仁楞，浙江宁波镇海镇人。香港电视广播有限公司荣誉主席、邵氏兄弟电影公司的创办人之一，著名的电影制作者。1975年成立香港邵氏基金，协助促进教育、医疗和艺术事业的发展。自1985年起，开始向内地捐赠港元，用于支持社会公益事业。累积捐赠款物达47亿元港币，冠名邵逸夫的建筑物近6000座。2008年被中华人民共和国民政部授予"中华慈善奖终身

作者作品《逸夫科技馆》

荣誉奖",褒奖他长期致力于慈善事业的精神。1988年,时任校长李润田随国家教委大学校长交流团前往香港访问考察,李校长结识了邵逸夫先生。1989年1月应香港邵氏影视公司董事长邵逸夫先生邀请,由国家教委组织的代表团赴香港访问,李润田校长再赴香港,并得到邵逸夫先生300万元港币的捐赠。这批捐赠涉及的学校有华东师范大学、南京大学、兰州大学、浙江大学、南开大学、浙江师范大学、河南大学等共计12所院校,河南大学理科综合楼成为邵逸夫先生捐建河南的第一个高等教育项目。当时,正值学校的"八五"规划,邵逸夫先生捐款300万元港币和河南省教委配套拨款的830万元人民币很快到账。理科综合楼于1989年4月奠基,8月13日破土动工,1991年9月落成,建筑面积12340平方米。1990年12月18日,由国家教委派出的邵逸夫先生赠款专家评估组一行五人来校验收,听取学校工作汇报,对工程文件资料、施工图纸、工程外部施工质量等一系列细节进行检查评估,对河南大学所做的工作给予高度的评价。

理科综合楼选址在明伦校区西南部原阶梯教室和教工食堂旧址,

作者作品《逸夫图书馆》

整体俯瞰呈"人"字形平面，南部散开，北部收拢，主立面朝东，北部有两层学术报告厅，除有室外楼梯可达二楼外，在背面还配有紧急疏散楼梯。建筑造型设计新颖，平面布局因地制宜，外观美观。主楼七层，屋顶设 6.3 米微波天线和共用电视天线系统。外墙为月白色仿砖型面砖，窗间墙为黄色，稳重大方，干净素雅。大楼的建成充分表认了邵逸夫先生振兴教育、造福桑梓的拳拳赤子之心。1991年更名为"逸夫科技馆"，时任图书馆馆长吴勋泽研究馆员题写了馆名。雄伟典雅的建筑造型成为学校现代建筑的一个标志，至今在教学、科研等方面仍在发挥其作用。

### （二）逸夫图书馆

1990 年 7 月，十分关注捐赠项目落实情况的邵逸夫先生到内地考察，22 日邵逸夫先生及随行人员抵达洛阳机场，由李润田校长带队奔赴洛阳，向邵逸夫先生汇报了理科综合楼建设情况，并陪同客人一起参观了龙门石窟等名胜。河南大学热情周到的接待，给邵逸夫先

静音沉璧

作者作品《秋景》

作者作品《冬景》

生一行留下了深刻的印象。临行前，邵先生特意问李润田校长学校有无图书馆，李校长回答说：有，但已不敷所用。1991年1月应香港邵氏影视公司董事长邵逸夫先生邀请，时任河南大学校长的李润田先生再次参加了由国家教委组织的代表团赴香港参观访问，并接受邵逸夫先生第2笔捐款200万元港币。这次共有清华大学、北京大学、复旦大学、厦门大学、青岛海洋大学、暨南大学、广西大学、内蒙古大学、宁夏大学、新疆工学院、西藏大学、湖南师范大学、江西师范大学等19接所院校单位获赠。

在省计经委和省教委的大力支持下，1991年8月21日，图书馆东馆建设项目立项。为了使用好这笔善款，10月20日，学校成立以贺陆才副校长和省计委、省教委同志组成的招标工作领导小组。邀请三个甲级设计单位进行建筑方案设计招标，确定采用机械电子工业部第六设计院主任工程师樊荣的设计方案，河南省第七建筑公司为施工单位。1992年9月正式开工，1993年11月工程竣工。

图书馆东馆选址在原东日字院旧址，位于大礼堂广场西侧、图书馆西馆（1984年建）的东侧。整体俯瞰呈"U"字形平面，建筑主入口朝东，其西部与图书馆西馆通过两层连廊相通。大楼东西长44米，南北宽37.2米，北部六层，南部五层，底层层高4.2米，以上各层层高3.8米，室内外高差1.05米，主体高度24.8米，建筑面积6880平方米。建筑结构为填充式现浇框架，外观用白色面砖竖贴，檐口和柱头用浅绿色和红色点缀，整个建筑英俊挺拔。北楼东墙上由河南省书法家陈天然题写的"逸夫图书馆"金色铜字，熠熠生辉。逸夫图书馆以开架阅览为主，阅览座位近300席，藏书50万册，供师生阅览。另增设研究室7个、文检检索室1个，为学校的教学、科研工作发挥了积极的作用。

2014年1月7日，邵逸夫先生以107岁的高龄仙逝。老校长李润田说："邵先生每次捐助河南大学，都是几百万元，对我们真是雪中送炭。他的捐助推动了河南大学的发展，为河南大学的发展做出了贡献。"

走近这两幢建筑，可以看到的两方志碑，会勾起师生们过往的一段记忆：

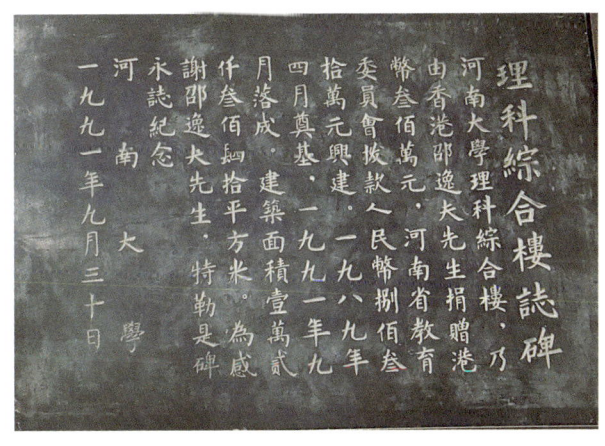

作者作品《理科综合楼志碑》

河南大学理科综合楼,乃由香港邵逸夫先生捐赠港币叁佰万元,河南省教育委员会拨款人民币捌佰叁拾万元兴建。一九八九年四月奠基,一九九一年九月落成,建筑面积壹万贰仟叁佰肆拾平方米。为感谢邵逸夫先生,特勒是碑永志纪念。

河南大学
一九九一年九月三十日

**作者作品《图书馆东馆志碑》**

河南大学图书馆东馆,乃由香港邵逸夫先生捐赠港币二百万元,河南省教育委员会拨款人民币九百万元兴建。一九九二年九月动工,一九九三年十月落成。建筑面积六千八百二十平方米,为感谢邵逸夫先生,特勒是碑永志纪念。

河南大学
一九九三年十月三十日

当今，学校实现开封明伦、金明，郑州龙子湖多校区办学后，空间拉大，功能逐渐转移。目前，逸夫科技馆现为学校就业创业中心、马克思主义学院、新闻与传播学院国家级教学示范中心等所在地。科技馆最初在河南大学综合性大学建设过程中曾发挥过重要作用。逸夫图书馆，一楼增设有百年校史陈列馆，2022年学校110周年校庆前夕，经过外观提升装饰，与大礼堂风格更趋协调，更显古典、端庄、大气。

逸夫科技馆，逸夫图书馆，这两幢独具风格的建筑已成为明伦校园独特的文化符号，师生们脑海中一个时代与建筑的印记。

*2023年春于明伦校园*

# 二 | 人物篇
RENWU PIAN

# 忆往——我与大师点点情

八朝古都演绎历史故事,铁塔风铃弹拨自然音符。千年古城,百年名校,无时无刻不在讲述一个个平凡而又动人的故事。回味20世纪80年代初大学时期,我在中文系求学与毕业留校后四十余载的学习工作时光,不禁感慨万千。

青春易逝,时光荏苒。当时作为一个怀揣文学梦的懵懂青年,求学期间,于1984年10月18日与文友冯团彬、高金光、吴泽永、赵

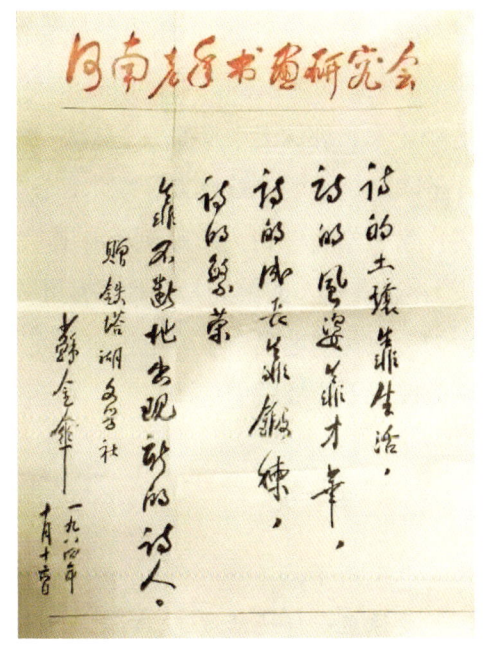

作者作品《苏金伞题词》

孟良等发起成立中文系铁塔文学社,创办文印小报《铁塔湖》;聘请著名作家魏巍、端木蕻良、苏金伞、王怀让、叶文玲、李允久等为文学社顾问,周启祥、刘思谦老师为文学社指导教师。

为了追寻文学梦想，尝试文学创作，有幸步入诸位大师的书斋，走近大师，聆听大师们的教诲。一个场景、一篇文章、一个故事、一幅字画，点点滴滴，犹如昨日，历历在目，意味悠长。撷来片段，留存记忆，时时砥砺、鞭策自己……

## 李白凤先生的"存疑斋"

那是1982的初冬，一个菊花飘香的季节。月夜，怀着敬慕之情，与李教授夫人刘朱樱老师相约来到河南大学明伦校区西门附近的平房小院李白凤教授的"存疑斋"。李白凤教授（1914－1978年），20世纪30年代致力于诗歌、小说、散文创作，活跃在新诗诗坛。1933年考入北平国民学院国文系，1954年至1978年在河南大学中文系任教，是柳亚子、郭沫若、茅盾、巴金、沈从文、戴望舒、周作人、田汉、叶圣陶、姚雪垠、臧克家、端木蕻良等的好友、文友，是我国现代著名作家、学者、诗人、篆刻家，其代表作有《白凤印册》《李白凤文集》。非常令人遗憾的是，他平反不久，还未有来得及施展他的暮年余力，便匆匆地离去了。在这个不足十平方米的书房，刘老师展示了李教授留下的最后一首诗：

### 春　天

春天来了，
要像鱼一样地活泼，
鸟一样地歌唱。
这是一个适宜于
开放花朵的春天，
乌云散尽，阳光普照……
我像包尔康斯基看见的

那棵老树一样，

愉快地长出新芽！

面临真正到来的春天，这是怎样一种无比激动的对春天的渴望之情呵！刘朱樱老师告诉我："你白凤老师和这间小屋结下了不解之缘，他自己给这个屋子题名'存疑斋'，正像他自己一样，一生都在探索……"

我深情地环顾了一下房间：墙壁上的镜框内，李白凤教授那清癯的遗容；镜框下，端正地摆放着一盆金菊花……李教授64年坎坷短暂的人生旅途，诠释出他对文学、人生、艺术的孜孜以求与热爱。几十年弹指一挥间，如今，那片老房子早年已经拆除，但李教授的"存疑斋"，先生的精神，挥之不去，永远留在我的记忆深处。

## 任访秋先生的"不舍斋"

1936年，鲁迅，巨星陨落。噩耗，巨浪冲天。

二十五年后的今天，暴风雨后的前夕，

先生，您像颗陨星从天边沦亡！

您的眼，像爱克斯光似的，

照穿人类的腑脏！

您的笔，像投枪般，刺入敌人的胸膛！

那骆驼，比不上您，

从荆棘中走出的道路，

那样明光。

那母牛更不胜您，吃的是干草，

喷出了那么多的奶浆。

您的一字一句像洪钟般响！

>促进我的觉醒，
>
>促我们觉醒，
>
>促我们联结，
>
>促我们坚韧自强！
>
>踏倒敌人！踏倒敌人！
>
>争取民族的自由解放！

这是河南大学纪念鲁迅先生逝世五周年时的一首纪念歌。它的作者是风华正茂的青年学者——任访秋。

半个多世纪以来，灯光与钟声伴着"不舍斋"送走一个个春秋，迎来一个个黎明与收获。《中国古典文学论文集》《〈聊斋志异〉选讲》《鲁迅散论》《袁中郎研究》《中国近代文学作家论》《近代散文选》《桐城——湘乡派研究资料》《曾国藩研究资料》《近代散文索引》《中国近代文学史》……任先生在"不舍斋"完成了一部部著作、一篇篇论文。

在先生治学与学术字典里永远没有休止符。已经75岁高龄的先生还担任全国政协委员、全国鲁迅研究会理事、河南省政协副主席、河南大学中文系名誉系主任等职务。在学术与人生的殿堂里，先生辛勤劳作，默默奉献……

怀着对任先生的敬慕，心中酝酿写一篇关于先生的报告文学，题目初定为《他在灯火阑珊处》，后来成为自己毕业论文选题。1985年元月的一天，带着文章草稿，内心忐忑，走进任先生的书房"不舍斋"。适逢先生刚回，风尘仆仆，一路劳顿，但先生十分谦逊。

我一再向任先生表明意图，先生微笑示意我坐下，便放下手头事务，坐到书桌前，拿起文稿，伏案修改。一个小时过去了，文稿从标题到语言，从结构到标点，密密麻麻的……文稿修改后，先生特意签上自己的名字。在先生堆满书籍的"不舍斋"，凝望一位鬓发斑白，年逾古稀的长者。先生高度近视镜片散发出来的层层晕圈，深驼的背，那伏案阅卷疾书时的身影，我看到了一尊雕塑，一种力量，一种锲而不舍的精神力量。先生奖掖后生，严谨，求真，勤勉，谦逊，和蔼。亲切的面容，时刻萦绕心间。先生不舍昼夜，孜孜以求的精神，时刻激励自己不懈怠，努力前行，成就点点梦想……

### 于安澜先生给我讲故事

记得1984年4月。春天，一个细雨霏霏的下午，在河南大学南门对面教授楼一间纸墨飘香的书房，我拜访时年83岁高龄的于安澜先生。

开封的四月，天气微凉。于先生坐在一把藤椅上，身着粗布夹衫，精神矍铄，谈笑风生。《中国艺术家词典》称他为"著名美术史家、古汉语学家"。于先生的《汉魏六朝韵谱》填补了我国音韵史上的一段空白。仰慕先生，求字一幅。我说明意图，喜欢梅花，于先生爽快答应，并用毛笔登记在册预约一个月后来取。

尔后，搬起小凳，坐在先生旁边听于先生给我讲述宋代林逋的传奇故事。这位北宋时期著名的隐士一生无妻无子，酷爱梅花与白鹤，人称"梅妻鹤子"。聆听先生娓娓道来《山园小梅》那稀疏的影子，横斜在浅浅的水中，清幽的芳香浮动在黄昏的月光下，诗中的意境不觉陶醉其中。一个月后，如约再次拜访先生，一幅小篆"疏影横斜水清浅，暗香浮动月黄昏"跃然纸上。

每每忆起与先生的晤面，先生娓娓道来。他的音容笑貌，渊博的学识，质朴无华的品德，爽朗的性格，成为我内心永远的珍藏与人生坐标。

2021年9月29日于明伦校园

# 明伦月儿圆——作家孟宪明先生印象

### 金明初见

中秋时节,八朝古都,百年河大明伦校园处处洋溢着节日的喜庆。大礼堂仿若一位年迈的老者伫立在博雅路北头,迎来了他七七级的孩子孟宪明。

我第一次见到孟宪明先生是前年在电影《花儿与歌声》于河大金明校区图书馆举行首映仪式上。这是由孟先生编剧创作的一部儿童题材电影,视角独特,取材新颖,饱含感情……观后非常震撼,是一部极具教育意义的影片。

今年,9月22日,正是农历的八月十六,沐浴着中秋节的欢悦,秋高气爽,天高云阔,令人心旷神怡。在百年明伦校园,新闻与传播学院一座质朴典雅的三层红砖小楼,我们如约见到了当代著名作家——河南大学中文系七七级校友孟宪明先生。孟先生还是民俗学家、河南省儿童文学学会会长、范蠡文化研究专家、央视特约编剧。

作者与孟宪明于金明校区图书馆合影

孟先生著有长篇小说《双筒望远镜》《大国医》《念书的孩子》《花儿与歌声》等十余部,影视剧本三十余部。曾获得中宣部"五个一工程"奖、中国少儿读物"蒲公英奖"、中国电影夏衍杯优秀电影剧本奖、中国电视剧飞天奖、中国民间文艺山花奖。孟先生并数次获得美国圣地亚哥国际儿童电影节最佳电影,美国洛杉矶、加拿大温哥华华语电影节最佳影片等国际大奖。

孟先生给我最直观的印象是亲和、魅力、儒雅、博学。话语中还时常透露出睿智与幽默,常常是妙语连珠。在与孟先生交流中,谈起创作,他认为一个作家必须有情怀,有担当,有精品。要敬业乐业,勤于写作,笔耕不辍,不负时代,不负韶华。孟先生在创作上,不仅会讲故事,还会讲传奇。另外一定要选对路径,这是创作成功的秘诀。

作者与孟宪明于科技馆演播厅访谈

作者与孟宪明等于新闻与传播学院(五号楼)前合影

## 母校情结

谈起母校情结,得知他正为庆祝母校建立110周年倾力创作一部电影剧本《寂静的群山》,这是一部讲述中国近代史上绝无仅有的传奇史实。在历时八年的全面抗日战争中,河南大学在炮火中,辗转迁徙,办学不辍,在豫西潭头深山密林中流亡办学长达六年之久,为中华民族抗日大业培养了众多人才,为此,师生们奉献出了鲜血与生命。同时在改变当地村风民俗、传播文化与科学、促进农业生产等方面,做出了重要贡献。彰显了百年河大"百折不挠,自强不息"的办学精神,是一所具有传奇故事、令人景仰的大学。

月夜亥时,我和孟先生在明伦校园南大门告别。在路灯掩映下,南大门门楣上"明德新民,止于至善"的校训特别醒目。我目送孟先生远去的背影,不禁感慨,子在川上曰:"逝者如斯夫,不舍昼夜!"

月光如水,微风拂面,今夜明伦月正圆……

2021年9月23日

# 一幅珍贵的照片
## ——王国权、周而复两位世纪老人的握手

一个人的生命历程中，会拥有许多记忆：一件刻骨铭心的往事，一段永难磨灭的印象，一张面孔，一句话语，一个场景，一幅照片……

每当我们在心中念起河南大学这所古老而年轻的名字时，内心都会涌出一种震颤与感动，因为它承载着厚重的历史，孕育着太多的希望……在这个跨越了百年历史的校园里，那些见证历史的校门、大礼堂、六号楼、七号楼等古老建筑，一砖一瓦、一草一木，都在讲述着一段段娓娓动人的故事。

记得那是2002年9月，河南大学这所1912年创办的留学欧美预备学校迎来了90周年庆典。我因工作之缘，奉关爱和校长之命，负责著名校友王国权先生的联络、接待工作。初次见到王先生是在9月24日上午东京大饭店6101室，他专程驱车从北京赶回母校参加庆典，不顾路途劳累、奔波，下午便赶赴杞县大同中学。我有幸与先生同车前往，我们的话题自然由先生帮助王毅斋、嵇文甫创办的这座专门培养革命青年的大同中学谈起……

二 | 人物篇

2002年9月作者与王国权于明伦校区明园招待所合影

2002年9月作者与周而复于东京大饭店合影

王国权，原名康午生，字厚庵，1911年生，河南巩义市人。早年就读于河南大学理工系、社会学系。1930年参加革命，为躲避反动派当局抓捕，1934年流亡到日本，以留学生为掩护继续革命活动。

1934年加入中国共产党，1936年回国到延安抗大学习，1937年开始在晋察冀抗战八年，担任一分区地委书记，历经了血与火、生与死的考验。抗战胜利后，党组织安排到热河、辽西等地工作，担任辽西省委副书记和热河省委书记。新中国成立后，转入外交工作，先后担任前民主德国、波兰、澳大利亚、意大利等国大使。在驻波兰大使期间，还担任中美会谈中方首席代表，参加华沙中美大使级会谈，会见美国国务卿基辛格。1971年任对外友协会长期间曾作为周恩来总理的特使出访日本，为实现中日邦交正常化奔波、斡旋……

从先生东渡日本，到延安抗大聆听毛主席授课；从八年抗战，到在周总理身边从事外交、民政工作；从第一次全国政协会毛泽东主席握着王国权先生的手，主席幽默风趣的话语……一幕幕往事与历史的回忆交织，我从先生那平易得近乎家常时的谈话中细细品味着平凡与高大……

在杞县大同中学，先生捐赠了与夫人合著的《王国权常玉林书画集》，故地重游，先生显得激动而又快乐。离开学校时，先生向汇聚而来的师生和前来送行的人们挥动着那双依依不舍的手……

2002年9月25日上午，在建校90周年庆典大会上，先生代表海内外校友做了一个简短而十分精彩的讲话。当日下午，先生参加完校庆活动离汴时在东京大饭店遇到了正在接受记者采访的周而复先生，此时，两位世纪老人的手不约而同紧紧地握在了一起。

著名作家周而复，已于2004年1月18日永远离开了我们，他从青年时期投身左翼文艺运动，1936年出版第一部诗集《夜行集》，郭沫若先生为其作序道："这是在重重的压迫之下压得快要断气的悲抑的呼息。这儿也活画了一张忧郁而悲愤的时代相。"鸿篇巨制《长城万里图》是一部正面描写全国抗战的史诗。钱锺书先生称："如许撼九州垂千古之大题目,必须扛九鼎扫千军之大手笔,可谓涵盖相称矣。"系列小说《上海的早晨》、长篇小说《白求恩大夫》、长篇叙事诗《伟人周恩来》……这些作品将成为历史的永恒和我们挥之不去的回忆……

2002年9月王国权与周而复于东京大饭店(前排从左至右为王国权、周而复,后左一为作者)

这些珍藏在我心中的照片,两位世纪老人的握手已成为瞬间的永恒,也将成为河大百年历史长河中的一段记忆与见证……

2004年9月于汴

# 他在灯火阑珊处（报告文学）——记任访秋先生

  那是 1985 年 1 月，距今已逾 36 年，大学毕业前夕，心生萌动，想采写一篇关于任访秋先生的文章。于是便有了几次与任访秋先生的晤面，有了先生的谆谆教诲，便有了这篇任访秋先生在书房"不舍斋"亲笔修改审阅的报告文学《他在灯火阑珊处》。翻动已经微微泛黄的稿纸，凝视先生审阅修改过那密密麻麻遒劲圆润的手迹，先生音容笑貌犹在，和蔼可亲的话语犹在耳边萦绕，深驼的背，伏案疾书时的身影，高度近视镜片散发出的层层晕圈，思念与敬仰之情油然心中。

——题记

  任访秋先生已离我们远去，今将这篇报告文学手稿全文整理，以纪念一代大师——任访秋先生。
  逝者如斯夫，不舍昼夜！
  1936 年，鲁迅，这颗巨星陨落了。噩耗，像山峰的崩塌落入沧海，卷起冲天浪潮。霜风冷雨，落木萧萧，天灰蒙蒙。一支低沉浑厚的歌声在人们的心域共鸣。

作者作品《金明校区访秋湖秋景》

二十五年的今天,暴风雨的前夕,
先生,您像颗陨星从天边沦亡!
您的眼,像爱克司光似的,照穿人类的腑脏!
您的笔,像投枪般,刺进敌人的胸膛!
那骆驼比不上您,从荆棘中走出的道路,
那样明亮。
那母牛更不胜您,吃的是干草,
喷出了那么多奶浆。
您的一字一句像洪钟般响!
促我们的觉醒;
促我们的联结;
促我们的坚韧自强!
踏倒敌人!踏倒敌人!

争取民族的自由解放!
踏倒敌人!踏倒敌人!
争取民族的自由解放!

这歌声由低沉转向雄壮,由缓慢转向激昂;这歌声飞出心域,在铅一样灰而重的天地间激荡……

这是河南大学纪念鲁迅先生逝世五周年时的一首纪念歌。它的作者,是一位风华正茂的青年学者——任访秋。

任访秋先生于"不舍斋"

### 书香之家　耳濡目染

父亲病故了!这可怕的消息冲击着任访秋幼小的心灵,悲恸,恶魔般缠绕着他。他多想再听父亲那不倦的教诲,多想再看一看父亲那慈善的面容,童年的往事,浮现在眼前——

多少个清风静谧的夜晚,任访秋坐在小凳子上同姐姐、嫂嫂们聆听父亲讲那动听的《聊斋》《三国》的故事。父亲任尚贤是晚清的廪生,轻于荣利,学而不厌。他有一种令人敬佩的谦逊,对自己的儿女总是严于教诲,而又谈笑风生,时常是妙语解颐。他曾给小儿子任访秋起名维焜,字仿樵,并按照自己的意愿去培养儿子。他教的仍是"四书"《左氏传》之类。课前,他总是先给孩子们以提示和讲解,根据难度和个人的记忆能力,规定进度。凡能完成的便可以休息或玩耍。父亲的循循善诱,使得任访秋把读书当成是一种乐趣,年仅十一二岁时,便能独自阅读《聊斋志异》了。

家庭的书香温馨了聪颖的童心,良好的启蒙孕育着未来的成功。

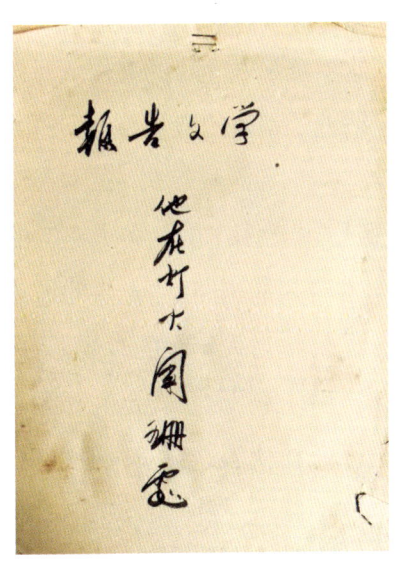
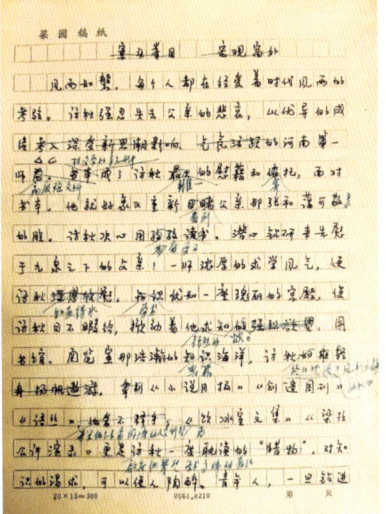

作者作品《任访秋先生审阅过的作者原手稿》

### 案头举目　宏观窗外

风雨如磐，每个人都在经受着时代风雨的考验。任访秋强忍失去父亲的悲哀，以优异的成绩考入河南第一师范学校高级文科班。对文学的钻研成了任访秋唯一的慰藉和寄托，面对书本，他就好像重新看到父亲那张和蔼可亲的脸。任访秋决心用勤奋学习、潜心钻研来告慰于九泉之下的父亲！

一师浓厚的求学风气，使任访秋如鱼得水。学术，犹如一座瑰丽的宫殿，使任访秋目不暇接，掀动着他强烈的求知欲。图书馆、阅览室，那浩瀚的典籍海洋，使他终日沉浸于风平浪静的知识海洋。《小说月报》《创造周刊》《语丝》，是他经常阅读的文学刊物；而《饮冰室文集》《梁任公讲演录》，更是启发他攀登学术之峰的著作。对知识的渴求，可以使人陶醉。青年人一旦钻进了学术的殿堂，便会进入一种忘怀一切的境界。

任访秋聆听了梁任公"为学与做人""治国学的两条大路"的讲演，像是一盏明灯，照亮了他走向学术研究的道路。"人生的道路固然漫长，但紧要处却往往只有几步，尤其是当人年轻的时候。"任访秋从梁启超、胡适的著作中找到了治学上的金钥匙，鲁迅的弃医从文则给任访秋打开了一扇思想上的亮窗。任访秋为之感奋，他在思索，在盼望……

时代的风云簿记下了1925年的"五卅"惨案，帝国主义的血腥罪行，同胞们的鲜血，震惊了爱国青年。"……国家衰弱，强邻欺侮，神圣劳工，辄为鱼肉，我亦民族一分子，古人说天下兴亡，匹夫有责，自己怎能无动于衷仍旧埋头读书……"

任访秋和同学们一道冲出课堂学校，走向街头，参加到示威游行的队列中。高喊着:"打倒美日帝国主义!""踏着先烈的血迹前进!"作为省学联派往各县进行宣传的代表,任访秋与一位河大的同乡学生一块带着漆树芬的《帝国主义侵略中国史》、马克思的"剩余价值学说"等书籍回到家乡南召县城进行巡回讲演。"中华民族将来一定要站起来!"任访秋信心百倍、慷慨激昂,强烈谴责帝国主义的滔天罪行,以赤子之心,报效祖国!

腥风血雨铸就了雄才胆略,上下求索陶冶着报国精诚。

### 慎思发明　学者之风

任访秋深知:雄鹰要飞越山峦而翱翔蓝天,需有搏击长空的翅膀;志欲报效祖国,要靠扎扎实实的学问作为通往理想境界的桥梁。怀着对学术深造的渴望,1929年秋,任访秋进入了向往已久的北京师范大学。

生活,五色缤纷。有时会呈现出特有的异彩,这异彩会成为光耀一时的灯塔。任访秋在北平求学的四年中,也曾出现过这样的异彩。

文学革命的闯将,对经学、文学具有高深的造诣与独到见解的学术大师钱玄同,使任访秋深感敬佩,逢钱先生讲"音韵沿革""说文研究""经学史"等课,对任访秋来说,是他聆听教诲难得的机会。钱先生科学的治学方法与严谨的治学态度,更是对任访秋影响至深。

从钱先生用历史发展的观点来分析研究不断变化着的历史,任访秋找到了打开宇宙奥秘的钥匙;从钱先生"考古务求其真,对历史要还它以本来面目"的观点,任访秋领悟到了做学问的真谛;从钱先生"致用务求其适"的历史发展观,任访秋掌握了学以致用的原则;"打破过去学者们宗派门户之见",采取"实事求是"的治学态度。

钱先生,这位章太炎的弟子,一方面继承了清代皖派的治学方法与精神，同时又受到西方科学与民主思想的影响，他的治学方法成了任访秋一时效法的楷模，评论作家作品的榜样。

漫长的文学生涯，巍巍文峰，荆棘小道，不畏艰难的跋涉者，刚刚走出山谷，往往会误认为到了天堂，一旦登上巅峰，便会觉得豁然开朗，心胸坦荡。"马克思主义是最明快的哲学，许多以前认为很纠缠不清的问题，用马克思主义观点看一看，就明白了。"（鲁迅）对辩证唯物主义和历史唯物主义的学习，照亮了任访秋的治学道路。"吾爱吾师，吾更爱真理。"任访秋看到了钱玄同治学方法的合理性，分析了其无法弥补的缺陷，从研究探索的实践中，不断摸索自己的治学之路，不断完善自己的治学方法。

纸上得来终觉浅，绝知此事要躬行。

## 人间沧桑　灯火阑珊

1931年，"九一八"事变，日本侵占东三省。"中华民族到了最危险的时候"……抗日救亡运动席卷长城内外，震撼大江南北。青年学生们再也不能安心读书了，他们深感："华北之大，已经安放不下一张平静的书桌了！"从9月到12月，北平、上海、南京等地爱国学生先后三次云集南京，任访秋走在南下示威团千百万个热血青年的队伍中，感到了中华民族的活力，慷慨激昂，热血沸腾，一股青春的烈焰在胸中燃烧！

1931年12月17日，在南京各地的学生三万多人，举行了声势浩大的爱国抗日示威，发生了骇人听闻的流血惨案。爱国青年用鲜血和生命，在中华民族的斗争史上写下了悲壮的一页。鲁迅在事件发生后怒不可遏，于第二天写下了《友邦惊诧论》，任访秋后来读到这火一样的杂文时，不禁为之热泪盈眶，感到无限亲切和振奋。历史的惨剧使任访秋在心灵上受到一次"战斗洗礼"。

1933年，任访秋结束了大学时代的生活，回到了河南，在洛阳师范任教。刚满24岁的他承担起了繁重的超负荷的教学工作。这也是他所希望的一种工作中状态，希望自己经常是大汗淋漓，不能有片刻清闲。

在编写讲义的过程中，任访秋对中国文学发展史做了一个系统全面的鸟瞰，在学习与探索的过程中，逐渐感到：在专体史上只能看到王国维的《宋元戏曲史》和鲁迅的《中国小说史略》，缺少一部真正令人满意的通史。他发现了当时中国文学史还是一片未开垦的处女地。作为一个真正的学者，焉能心安理得？既然发现有荒地，就要动手去开拓、垦殖。

然而，大片的荒原，单靠一个人的劳动是微不足道的，只有大家齐心协力，才能出现奇迹。要写出一部真正高质量的通史，需要许多专家从事作家研究以及专题研究、流派研究、断代等方面的研究，把这些成果融会贯通，才能汇成一部鸿篇巨制。

学术领域里的宝塔，等待他去攀登。然而，要攀上塔尖，需要一步步、一级级攀登。

1935年，任访秋带着满腔热望来到北京大学研究院文学研究所深造，选定了从事袁中郎的专题研究。

1936年暑期，经过辛勤努力，终于通过毕业论文答辩，圆满地结束了这段研究生的学习生活。

1940年春，任访秋来到了迁至豫西嵩县潭头，居于万山丛中的古老学府，抗战流亡办学的河南大学。进步师生，不甘忍受屈辱，发动了一次又一次罢课风潮。任访秋冒着被解聘和被逮捕的危险，毅然加入了声势浩大的师生要求改善生活、提高待遇的运动洪流中。尽管时世纷扰，但他一刻也未忘记对学术的追求。潭头五年，他除了讲授"中国文学史""中国文学批评史""现代文学史"等课程外，还出版了《中国现代文学史》（二卷）和《子产传》。

沉闷的中国，晨光熹微，东方既白，雄鸡报晓。任访秋与广大师生一道用满腔的热血呼唤着新中国的诞生！

风风雨雨忧国事，晨光熹微瞻前景。

### 闻鸡起舞　晨兴理作

历经人间沧桑，中国以她崭新的雄姿屹立在世界东方。

任访秋为之激动不已。是啊，多年来的夙愿，终于盼到了能为国家在学术事业上尽心尽力的时候了！

透过学校南门明伦街教授楼的窗口，可以看到深夜和黎明时的灯光；教授楼的院落里，传来了清脆的钟声……

午夜刚过，人们还沉浸在酣甜的梦乡。任访秋已起床伏案、展卷、写作；当黎明唤醒了人们开始一天的生活时，他已经工作了两个多小时。晨光熹微，朝霞铺路，微风徐徐，在教授楼西边的湖滨与河岸上，这里会准时出现任访秋跑步、做操的身影，二十分钟过后，他便回到书斋伏案疾书了。

丰厚的成果，蕴含着任访秋辛勤的汗水；人民的信任，使他深孚众望。党的十一届三中全会后，任访秋当选为全国政协委员、全国鲁迅研究会理事、河南省政协副主席，以及全国、省和高等学校十多种学术职务。

文学年会的邀请，近代文学研讨会的请柬，人代会的来函……一封封函件、请柬，像五彩缤纷的光环，在任访秋这位学者面前闪烁，使他目不暇接；差旅之时，不顾十几个小时的风尘、颠簸、劳累，一旦安顿好住处，便随手打开助手带来的两个提包，从一个包里拿出要参加会议的文件材料，另一个包里，便是尚待完成的论稿，"不知老之将至"，迅速投入到工作状态。

这是任访秋多年来的习惯。时间对他来说就意味着一切。两个普通的包，囊括了任访秋几十年的风风雨雨，里面洒满辛勤与汗水、收获与喜悦，里面装着一颗炽热的求索之心！

刚刚洗去南下的风尘，便又踏上了北上的列车，刚从省会议厅步出，迈进自己家门，便又遇上了等候已久的来宾。治学方法的探寻、研究生的答疑、文学爱好者的来访，门庭若市，目不暇接。使得任访秋每天要抽出一两个小时的时间予以见面或回复信函。白天，时间很难保证，夜晚，夜阑人静，灯火阑珊，他如鱼得水。

七十五岁的高龄，身体的疲劳，眼睛的昏花，劳累时时向他袭来。躺下来稍稍休息一下，清理一下忙乱的思绪，恢复一下由于过度疲劳而酸疼的背，该有多么惬意啊！然而，"壮心不已""时不我待"的他，仿佛离开了著述，哪怕是一分钟，胸中的火焰似有喷薄欲出之势！

于是，任访秋深深的驼背后面又垫起了两层棉被。灯光下，又铺满了大大小小、密密麻麻的精装、线装书籍，论文、手稿……

读书，著述，一天也不曾间断，周而复始，如日之升、月之出、地之转。

对群书的博览，使得任访秋通晓中外文艺理论，对中国古代、近代、现代文学，任访秋了如指掌；外国的托尔斯泰、巴尔扎克、莫泊桑、雨果等，也都是任访秋"神交已久"的老朋友。

任访秋每天的生活虽然没有见着文字的日程表，但却是极其有规律。一般是：

凌晨五点：起床，续写昨天的日记；接着，续写昨天未竟的论文。

六点半：跑步，做操。

七点：早点，阅读信件、信函。

上午：写作，阅读，与研究生讲课或者批改学生论文。

下午：午休后继续上午工作。

晚上：看电视《新闻联播》或较有意义的电视剧，继续阅读、写作。

这是任访秋日常工作生活中的一天，普普通通的一天……

辛勤的汗水，换来丰硕的成果。1981年以来，任访秋写下近百篇论文之外，仅三四年时间，就出版了《中国古典文学论文集》《聊斋志异（选讲）》《鲁迅散论》《袁中郎研究》《中国近代文学作家论》等著作。《聊斋志异（选讲）》成书以前的《聊斋志异的思想和艺术》被北京《中国文学》杂志翻译成俄文，后又被山东师院编入古典文学参考资料；《中国近代文学作家论》的成书，堪称当代第一部近代文学研究专著。

钟声，以它固有的节奏，送走了一个又一个世纪，迎来一个又一个明天。半个多世纪以来，灯光，伴着钟声，编织着任访秋一篇又一篇论文，一部又一部论著。他，永远奔跑在时间前面，因为他懂得，一旦与钟声同步，那也意味着停滞与落后。

"烈士暮年，壮心不已。"七十五岁，在任访秋的学术生涯里只是一个顿号，治学的字典里，永远没有休止符。他正以充沛的精力带领助手关爱和、李慈健以及中青年教师致力于新的科研项目。《近代散文选》《桐城——湘乡派研究资料》《曾国藩研究资料》《近代散文索引》等著作都将依次编写，与部分中青年教师合作的教材开始编写,《中国近代文学史》也在计划出版中。同时,任访秋培养出的近现代研究生已分赴安徽、河南、天津全国各地,发挥着教学、科研骨干作用。

钟声,永远在描绘这样一幅灯下图:一位鬓发斑白、年逾古稀的老者,深驼的背,灯光下闪动着高度近视镜片的层层晕圈,那伏案疾书时的背影……

灯光,永远伴着他的"不舍斋",记载着任访秋孜孜以求的脚步和历程。

窗外,晨鸡鸣啼,夜幕未启,灯火阑珊……

注:此文 1985 年元月经过任访秋先生审阅修改,并在《河南人民广播电台》全文播发。

2021 年 10 月 19 日于明伦校园整理

## 心中的雕像——忆周守正先生

初冬时节，黄叶满地。伴随秋风飘下的片片落叶，任思绪自由飞翔。清晨，漫步金明校园，顿觉阵阵凉意萦绕心间。步入经济学院楼前草坪，一尊汉白玉雕像映入眼帘，这是校友们为著名经济学家——周守正先生捐赠设立的一尊半身雕像。在空阔、幽静、博大的校园里，这已成为师生们驻足仰望先生、传承治学精神的一片圣地。

周守正（1914－2006年），江西清江（今樟树市）人，中共党员，著名经济学家、教育家，河南大学经济学科、马克思主义理论学科奠基人。1934年考入复旦大学经济系，翌年东渡日本考入日本东北帝国大学经济学部学习，1937年抗日战争全面爆发前夕，毅然回国投入到抗战洪流之中。1946年10月在广州参加创办《每日论坛报》，任主笔。1948年底至1949年初，经香港来中原解放区首府开封参加革命，在中原大学任教。

中原大学南迁后被留下参与新中国河南大学的重建。曾任河南大学财经系主任、教务处副处长、政治系主任、经济研究所所长、校务委员会副主任，河南省社会科学界联合会副主席，中国《资本论》

研究会常务理事，全国综合大学《资本论》研究会顾问，河南省第二、第三届人民代表大会代表、常务委员会委员，全国第五、第六届人民代表大会代表，全国教育系统劳动模范，河南省优秀专家，享受政府特殊津贴专家。先生呕心沥血，倾毕生精力，为学校和经济学等专业的发展做出了独特贡献。

1985年教师节前夕，我专程采访了年逾七旬的周守正先生。向先生说明来意，周先生当即提笔撰写一封《教师节感言》。

作者作品《周守正》

周先生感言摘萃——

◎ 教师节的设立，是对全体教师的尊重，是对党的教育事业的重视。

◎ 不能只想着任务艰苦，我感到苦中有乐。得天下英才而教之，就是作为教师的极大快乐。

◎ 园丁看到自己培育出来的累累硕果，心里是美滋滋的。所以，乐于教书育人，便不管多么艰苦，终究会坚持到底的。

◎ 教书育人重在启发，以尊重教育对象为前提，而要受学生尊重，先必须自尊。

◎ 教书育人，要求言传身教，身教重于言教。我非常尊重学生的创新精神，爱护他们每一点独立的见解，教学生去尊重别人，教学生发扬学术民主，学会贯彻"百家争鸣"方针。

◎ 教书育人是非常艰难的工作，但是当我们看到一批一批人才成长起来的时候，我们感到这是教师最大的喜悦，能品尝这种乐趣，就能在教育园地乐而忘返。

如今，三十六年过去，翻阅先生这封教师节亲笔感言，弥足珍贵，倍觉亲切，心中涌起无限怀念。周先生那清癯的面容，威严中蕴含着慈祥的目光，音容犹在，守正笃行，甘为人梯，精心育才，激励代代学人。

一尊雕像化为敬仰，成为人民教师的神圣化身与精神坐标。

致敬，周守正先生！

*2021 年 11 月 6 日初稿于河南大学*
*2021 年 11 月 7 日再稿于立冬初雪*

## 心灵之约——走近李大钊

改进立国之精神，求一可爱之国家而爱之。

——李大钊《厌世心与自觉心》

明伦校园，绿树掩映下的六号楼右前方，默然伫立着一尊铜像，驻足仰望，威严，肃穆，给人一种力量、坚毅与信仰。镜框后一双炯炯的眼睛凝视前方，嘴角那浓密长长的两道胡须，向人们昭示那不屈的个性与刚毅的品格，向世人述说马克思主义和十月革命在中国传播的伟大传奇。让我们心怀敬仰，走近一代伟人——李大钊。

李大钊（1889－1927年），字守常，河北乐亭人。1907年考入天津北洋法政专门学校，1913年毕业后东渡日本，入东京早稻田大学政治本科学习，开始接受社会主义和马克思主义学说。是中国共产主义运动的先驱、伟大的马克思主义者、杰出的无产阶级革命家，著名学者、诗人。是中国大地上举起十月革命旗帜的第一人。

作者作品《名伦校区李大钊先生塑像》

1916年春天，27岁的李大钊从日本回国后，积极投身新文化运动，宣传民主、科学精神，抨击旧礼教、旧道德。在那个水深火热的年代，他由季节的春天联想到生命的春天，在《新青年》杂志创作发表了《青春》一文。"以青春之我，创建青春之家庭，青春之国家，青春之民族，青春之人类，青春之地球，青春之宇宙……"文章振聋发聩，吹响了理想号角，唤醒了无数青年，也唤醒了那个时代。

1918年任北大图书馆主任、教授。俄国十月革命后，他经过深入观察和缜密思考，从1918年7月开始先后发表《法俄革命之比较观》《庶民的胜利》《布尔什维克主义的胜利》等文章，指出十月革命是"世界人类全体的新曙光"！他预言："试看将来的环球，必将是赤旗的世界。"他呼吁，十月革命开辟了人类历史的"新纪元"，中国人民应当走十月革命的道路。1920年4月，李大钊冒险护送陈独秀赴天津，途中俩人商谈建党事宜，故有"南陈北李"相约建党之佳话。1922－1924年，受党的委托，李大钊奔赴北京、上海、广州之间，帮助孙中山改组国民党,为建立国共第一次合作的统一战线做出重大贡献。

1925年7月,在六号楼三楼报告厅,留下了李大钊来汴为河南大学(时为中州大学)法学院师生作"大英帝国主义者侵略中国史"演讲的历史足迹。可以想象,96年前,时光记忆,流火岁月,李大钊演讲时的动人场景,为明伦这片热土增添了无限崇高与自豪。

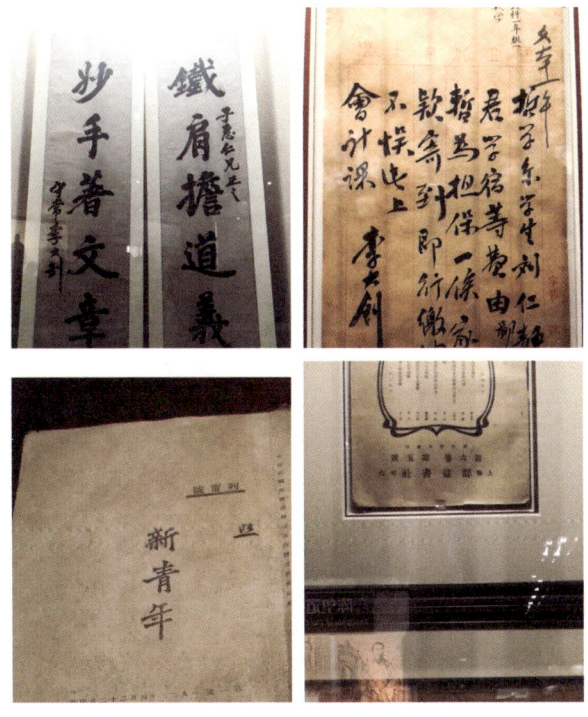

李大钊先生手迹

1927年4月6日,李大钊在北京被捕入狱,敌人对他施尽酷刑,双手指甲全被拔掉,他大义凛然,坚贞不屈。为保护同志,他用血迹斑斑的双手写下了2700多字的《狱中自述》。22天后他被反动军阀张作霖指使刽子手实施绞刑，连续三次绞杀折磨，时间长达 40 分钟，场面令人发指。即便如此，李大钊无一丝一毫畏惧，用生命诠释了自己对革命的信仰与忠诚，年仅 38 岁。有著作《守常文集》《李大钊文集》等。

鲁迅先生说："他的遗文却将永住，因为这是先驱者的遗产，革命史上的丰碑。"

仰望六号楼，天空一碧如洗，静谧安然，抚今追昔，默默凝视李大钊铜像，追忆先贤，缅怀先烈，一种敬仰油然心中。

2021 年 12 月 8 日于河南大学

## 明伦之约——走近林伯襄

　　一座古城,一所大学,一段岁月,一则故事,一片记忆。

　　百年学府河南大学,这里蕴含着世纪的沧桑与记忆。明伦校区南大门内,河南留学欧美预备学校校门右侧草坪,林伯襄先生铜像静静端坐。迈过几个青石阶,走近铜像,透过那慈祥的目光、和蔼的面孔,可与静坐的林伯襄校长零距离相依相偎。此刻,自然会把记忆拉回一百年以前的那些流光岁月……

作者作品《林伯襄先生铜像》

林伯襄（1878－1956年），字襄，河南商城人，其父林维垣是黉门秀才。他出身书香之家，自幼熟读经诗，勤奋好学，14岁便赴汝宁府应试，考取第二名。1903年在林氏祠堂创办"明强学堂"。甲午之后考入河南优级师范学校，一年后考入上海公学，1910年受邀来开封任教。1912年任河南留学欧美预备学校（河南大学前身）首任校长。著名教育家、爱国主义学者。

林伯襄

辛亥革命后，正值清代末季，内忧外患，时局动荡，战事频仍，国力衰弱。当时，以林伯襄为代表的河南教育界进步人士，面对中国贫穷落后的境况，力主建立一所放眼世界、崭露文明、富省强邦、有别于旧式教育的开放式大学。1912年，在河南贡院的旧址上，建立河南留学欧美预备学校，对于当时封闭、落后、沉闷、保守的社会敞开了一扇亮窗，成为点亮新式高等教育的一盏明灯，开启了河南高等教育的先河。当时，林伯襄先生提出了"以教育致国家于富强，以科学开启民智"开放的教育理念、办学宗旨，显示出预校发轫之初即放眼欧美、引进西学、融入世界、前瞻开放、融贯中西的非凡气度与胆略。预校成立后，他以开放、博大的视野，不惜重金，广罗人才，从严择师。数、化、地及西洋史等课程均采用外文原版教程，英、德、法文三科教师中，外籍教师占三分之一。河南留学欧美预备学校与清华留美预备学校、上海南洋公学同时成为国内仅有的三所向欧美派遣留学生的主要基地。

林伯襄担任预校校长期间，数年如一日，以校为家，倾心治校，既严又慈，爱生如子。学校史料中记载的一个场景经常会拨动我们的心弦。百年前一个风雨之夜,林伯襄先生身着长衫,手提马灯,踏着泥泞,步入斋房宿舍为就寝同学撩衣掖被的场景,犹如一幅泼墨画,定格在预校那段记忆长河中。那盏隐隐闪亮的昏黄马灯,如暗夜中的希望之光、智慧之光,温暖着学子们的心,永远照亮学子们前行的路。

作者作品《留学欧美预备学校校门》

河南留学欧美预备学校,作为河南大学的前身,走过了它的不凡与辉煌。林伯襄,预校首任校长,学识渊博,治学严谨,开放包容,"刚毅宁静"之品格,将彪炳校史,激励后学,永志难忘!!

2021年12月18日初稿于河南大学明伦校园

## 笔走龙蛇　血沃中原——走近校友邓拓

明伦校园，林荫小路，花香鸟鸣，书香弥漫，暗香浮动。"门堂楼房，碑塔湖墙"，藏珠隐玉，灵动生辉，处处飘动着珍贵的历史踪迹与人物深处的记忆。

七号楼北门处，绿荫环抱，幽雅怡静。这里，为纪念著名校友邓拓，立有一方不太起眼的朱红石碑，上书："去矣勿彷徨，人生几战场？廿年浮沧海，正气寄玄黄。征侣应无恙，新猷倘可长！大千枭獍绝，一士死何妨！"这是邓拓的一首狱中诗。1932 年 12 月，国民党法西斯将积极参加中共领导进步活动的邓拓逮捕，他时年 20 周岁。透过石碑上那洒脱、狂放、刚劲的字迹，表现出他舍生取义、视死如归、乐观豁达、报效祖国的决心和精神品格，成为我们怀念校友邓拓一帧永难磨灭的画面与永恒的丰碑。让我们一同翻阅历史，追寻邓拓那不同寻常的人生足迹。

作者作品《七号楼邓拓纪念碑》

邓拓（1912—1966年），原名邓子健、邓云特。1912年2月26日出生在福建闽侯县一个清贫的旧知识分子家庭，父亲邓鸥予是清末举人，任中学国文教员，对子女严于教化。受学校严格教育和家庭熏陶与影响，邓拓自幼酷爱文学艺术，幼年时即练就一笔好字。1929年高中毕业，奔赴上海，考入光华大学。1930年，他18岁时，参加了中国社会科学联盟，同年，加入中国共产党，成为一名自觉的无产阶级战士，积极从事革命活动，开始他投身革命的生涯。

邓拓

1931年，邓拓在上海从事宣传工作，后来担任中共南社工委书记，领导学生和工人运动。1932年12月11日，邓拓参加中共法南区委组织的纪念"广州暴动"五周年游行活动时被捕。他受刑不屈，备受折磨。在狱中，他在碎纸片上写下了那首"大千枭獍绝，一士死何方""万众摧枯朽，神州定铲平"的笔走龙蛇、血沃中原的豪壮诗句。半年后，由他的父亲保释出狱。

1933年，在党组织安排下，邓拓回到福州，从事文化外交活动，"闽变"失败后，他被通缉。1934年，在他大哥建议下到河南大学继续学习。当时，革命处于低潮，他密切关心时事，并潜心钻研学术，参加了全国哲学辩论，为维护唯物主义辩证法而斗争，发表《形式逻辑还是唯物辩证法》等文章，参加了科学与人生、社会主义思想、中国社会历史分期的讨论，写下了《中国社会经济长期停滞的考察》等七篇文章，引起学术界高度重视。

1935年，"一二·九"运动爆发，北平大中学生数千人举行了大

邓拓留别《人民日报》诗文稿

规模抗日救国示威游行,掀起了全国抗日救国新高潮。此时,正值邓拓在河南大学读书期间,他身先士卒,义无反顾,积极投身全国抗日救亡运动,并担任中华民族抗日先锋队开封总队长,为救亡图存,振臂高呼,摇旗呐喊。

1934年4月,在河南大学就读期间,时年25岁的邓拓《中国拓荒史》专著由商务印书馆出版。书中论述了中国灾荒的原因和救荒运动的历史,是中国第一部从社会经济学角度,分析研究中国历代灾荒的实况与救治理论及政策的拓荒史专著,内容观点深刻,资料翔实丰富,深受好评。

1937年夏季,邓拓护送中共北方局一位领导同志赴北平,返回开封参加大学考试时，再次遭到国民党逮捕入狱（被捕地为七号楼纪念碑处）。

1937年"七七"卢沟桥事变，全国抗战爆发，邓拓出狱，投笔从戎，辗转来到晋察冀根据地，恢复了党的关系，在晋察冀省委宣传部工作。

1937年秋天，邓拓到达解放区。1938年4月，先后担任中共晋察冀中央分局机关报《抗敌报》（后改为《晋察冀日报》）社长，晋察冀新华总分社社长，时年26岁。

新中国成立后，邓拓受命主持党中央机关报工作，担任《人民日报》总编辑、社长。是中华全国新闻工作者协会首任主席。为新中国的新闻事业呕心沥血，默默奉献青春与智慧。

"文革"爆发后，因与吴晗、廖沫沙合著的杂文集《三家村札记》和在《北京晚报》陆续刊登的《燕山夜话》系列文章，1966年5月，邓拓遭受打击诬陷、残酷迫害，但他宁折不屈，以死抗争，赍志以殁。他在生命的最后一息仍高呼："社会主义和共产主义的伟大事业，在全世界的胜利万岁！"时年54岁，留下了永久的遗憾。

邓拓，这位"马背记者"，带领10头骡子、20多人的新闻队伍，一手拿枪，一手拿笔，在敌人的鼻尖下迂回周旋，坚持出报，从未间断，发展成为一支骁勇善战的"文化铁军"，成为敌后游击办报的佳话。在革命队伍中，他"立德、立功、立言"，短短一生中，以其广博的学识和敏锐的思维，写下了几百万字的专著、社论、文章和500余首诗词佳作。精心主持编辑出版了第一部《毛泽东选集》。他是哲学家、历史学家、社会科学家、古文物书画鉴赏家、画家、诗人、杂文作家，又是一位杰出的人民新闻学家。"生来奔走万山中，踏尽崎岖路自通"，他倾毕生精力，用热血与生命诠释一位革命者"热血润文苑，神笔走龙蛇"的博大情怀与崇高气节。"魂魄托日月，肝胆映山河"，他怀着一颗革命的赤诚之心，对伟大祖国和中华民族的忠贞之爱，对敌人的刻骨仇恨，满腔热血，铮铮铁骨，凛然正气，谱写了一曲"血沃中原肥劲草，寒凝大地发春华"的不朽的人生传奇，为后人留下一笔宝贵的精神财富。

我们永远怀念您——敬爱的校友，邓拓！

2021 年 12 月 22 日夜

静音沉璧

# 飘荡的音符　流淌的旋律——走近校友马可

　　古朴、庄重、典雅的大礼堂东侧，艺术楼前，一方半圆形广场静静环绕，书法家赵振乾题写的"马可音乐广场"几个圆润、遒劲的鎏金书体映入眼帘。

——题记

马可

　　马可（1918—1976年），江苏徐州人。马可5岁时父亲便因病离世，与母亲相依为命。他自幼勤奋刻苦，爱好广泛。中学时代开始习练二胡、琵琶。然而，他孜孜以求的不是音乐，而是立志当一名科学家，青年时代便立志"科学报国"。1935年9月考入河南大学化学系。后来，日军已相继侵占豫北、豫东，面临日寇入侵、民族危亡的关头，马可再也无法俯身于风雨飘摇的书桌，怀着一颗赤子之心，不得不丢掉科学幻想，走出实验室，高唱抗日战歌，投入轰轰烈烈的"一二·九"学生运动。正如马可笔记所记述："在这大时代里，不怨天，不求人……是汉子，就该自己创造自己！"

## 中国民族音乐的丰碑

**赵振乾先生题写**

抗日战争爆发后，他全身心投入抗日救亡运动，"七七"事变后，1937年9月，马可发起成立并组织领导学校"怒吼歌咏队"，深入厂矿、街头、农村，教唱传播抗日歌曲。大学在读期间即出版了《牙牙集》《老百姓战歌》两部歌曲集。马可特别敬慕聂耳、冼星海的战斗歌曲。一次，当他演出返回学校时，得知冼星海（巴黎音乐学院高级作曲班毕业）随上海抗日救亡演出队来学校大礼堂演出，便迅速加入冼星海巡演队伍。随之，在古城开封掀起了抗日救亡运动新高潮。他在火热斗争生活中边学习、边创作、边实践，不断提炼升华自己的作品。

1939年秋，在冼星海的鼓励、引导下，马可与同时代热血青年一起，冲破国民党重重封锁，奔向革命圣地——延安，加入"鲁艺"音乐系，其音乐天赋得以充分施展，发起组织"中国民歌研究会"，融入那片令人神往的热土，走过一段激情澎湃的战斗岁月。延安时期的学习生活成为马可音乐创作的动力与源泉。

1937年河大"怒吼歌咏队"成员合影

作者作品《马可广场〈白毛女〉雕像》

抗战胜利后,马可到东北解放区从事音乐工作。新中国成立后,曾历任中央戏剧学院歌剧系主任,中国音乐学院党委书记、副院长兼中国歌剧舞剧院院长,《人民音乐》主编。抗战时期的代表作有《游击队战歌》等。1944年参加家喻户晓的歌剧《白毛女》以及《小二黑结婚》创作与演出,创作了著名歌曲《南泥湾》《咱们工人有力量》,秧歌剧《夫妻识字》,管弦乐《陕北组歌》,《吕梁山大合唱》等合唱作品。著有《冼星海传》《时代歌声漫议》等专著,发表音乐、美学论文,创作歌曲二百余(篇)首。马可,五十八年短暂辉煌的一生,在歌曲、歌剧创作和音乐理论研究等方面为后人留下丰富的音乐遗产,成为蜚声中外和人民喜爱的著名音乐家。

如今,明伦校园内,楼堂草木、门庭水榭已化作历史的记忆,马可音乐广场已定格为记忆的音符。让思念陪四季成长,让生命与太阳一同发热发光,让岁月伴月光低吟轻唱,让铁塔铃声与马可乐符旋律一同飘荡,放飞心灵,一路放歌,去追逐明天的梦想!

"北风(那个)吹,雪花(那个)飘……"歌剧《白毛女》,采用中国北方民间音乐曲调,吸收戏曲音乐表现手法,借鉴西洋歌剧创作经验,在新秧歌运动的基础上发展起来,代代传唱,成为新中国民族新歌剧的不朽之作;"花篮的花儿香,听我来唱一唱,唱呀一唱,来到了南泥湾,南泥湾好地方,好呀么好地方……"歌曲《南泥湾》,把过去处处是荒山,改变成到处是庄稼,遍地是牛羊,陕北的好江南,那令人向往的好地方;"嘿,咱们工人有力量,每天每日工作忙,盖成了高楼大厦,修起了铁路桥梁,改变得世界变了样……"《咱们工人有力量》,那坚实有力、豪迈热烈的旋律唱出了新中国工人阶级顶天立地的气势与豪壮!一曲曲经典回放,开启年代记忆的长河,意蕴悠长,历久弥新,不绝于耳,荡气回肠……

一百一十年后的明伦校园春潮涌动,生机盎然,处处飘荡着"百折不挠、自强不息"的强劲音符。

艺术楼广场,流淌着美与时代的旋律,展现昔日的风采,绽放新时代的辉煌。历史不会忘记,人们也将会永远铭记,一个响亮的名字,人民音乐家——马可!!

2022 年 1 月 3 日下午 明伦校园

## 明伦之约——忆牛庸懋先生

最近，脑海里时常泛起一段记忆。那是1985年的夏季，当年7月初，我从中文系刚刚毕业留校工作，一次机缘与《开封日报》社副刊编辑李允久专程拜访了中文系外国文学教授——牛庸懋先生。

学校南大门对面明伦街南侧，河大教授楼里，年近七旬、皓首银发的牛庸懋教授热情接待了我们，寒暄之后，牛先生给我们叙说起他近段研究写作计划。

"我搜集了近年来的有关外国文学和中国古典文学的论文，结集为《撷花集》和《黄花集》；另外，还准备出版《希腊罗马文》《葛雷〈墓畔哀歌〉》《欧洲中世纪的民族英雄史诗》《〈圣经〉文学论文集》……"

往事如烟，我们听牛庸懋先生娓娓道来。

"我走上外国文学研究这条道路，很偶然。我原来是搞中国古典文学的，1955年，教外国文学的于庚虞教授（1902—1963年，名舜卿，字庚虞，西平籍现代著名诗人，新月派代表诗人，翻译家。1935年赴英国伦敦大学留学，1937年回国任河南大学文史系副教授，1947

年重返河南大学担任英文系主任,新中国成立后继续在河南大学任教。活跃于 20 世纪二三十年代诗坛,与徐志摩、闻一多、沈从文、胡也频、丁玲、曹靖华等多有交集,与徐玉诺、苏金伞并称'中原三杰',著有《晨曦之前》等诗集)突然离开,我就接任了外国文学课……"牛庸懋教授饱含深情对我们说。

牛庸懋出生于 1917 年 2 月,号师心,河南鄢陵人。七八岁时,便跟随父亲读《论语》《千家诗》等,在幼小的心灵中播下了文学的种子。在他 9 岁时,父亲逝世,从此,他便失去了学习机会。12 岁时入鄢陵文清小学学习,直接跳级考入鄢陵县立初中。开始接触并阅读文学书籍,通过阅读鲁迅、田汉、郭沫若、冰心、胡适等的作品,并立志于文学研究。

1930 年,他转学到开封私立中学读初中三年级,颇受当时英文老师孙春亭赏识。有一件事情使得牛庸懋先生记忆犹新。一次,孙老师让牛庸懋和同学用英语翻译"春前有雨花开早,秋后无霜叶落迟"这副对联上下联,牛庸懋翻译的下联为"If the frost had not come to visit, the leaves would keep long on the branches",得到老师赞赏与鼓励,极大激发了对英语学习的兴趣与动力。1933 年初中毕业后辗转考入河南省立第五中学(省立南阳中学)高中部,此时偏爱文学,开始阅读进步书刊,同时英语成绩尤为突出。

1936 年,他毕业后考入北京私立中国大学国学系,系主任是吴承仕先生。吴承仕是章太炎弟子,他精通《易礼》《礼记》等,虽研究经学,但他思想激进,同时研究《资本论》等马恩著作,赞同无产阶级革命。牛庸懋深受吴先生这位进步经学大师影响。此期间也同时接触到在中国大学教授音韵学的钱玄同和中国古代文学的曹靖华两位先生,受其熏陶,牛庸懋对中文、外语兴趣更浓。"七七"事变后,时局动荡，物价飞涨，为维持生计，牛庸懋不得已从北京回到故乡河南鄢陵养病，之后到鄢陵县立中学、县立师范任英语、语文教师。

1940年，他转入迁至潭头办学的河南大学文史系学习。在此期间，深受嵇文甫、段凌辰两位先生赏识。牛庸懋选择研究古典文学的段凌辰先生为导师，并开始接触甲骨文专家王国维弟子朱芳圃及文学院院长嵇文甫先生。1943年毕业后留校任教。协助段先生批改《历代诗选》《各体文写作》作业。其间，为鼓励牛庸懋勤奋惜时，嵇文甫先生亲笔书写明代文嘉《明日歌》相赠："明日复明日，明日何其多。日日待明日，万事成蹉跎。世人皆被明日累，明日无穷老将至。晨昏滚滚水流东，今古悠悠日西坠。百年明日能几何？请君听我明日歌。"

这首诗令牛庸懋深受触动，并成为珍惜时光、发奋读书、积极进取的动力源泉。1951年晋升讲师，讲授"现代文学名著选"，1955年改授"外国文学"。1956年－1958年，先后编写160万字《西欧文学史》作为外国文学教材，曾多次重印。自1963年起，担任外国文学教研室主任，1979年晋升为教授。后担任中文系外国文学教研室主任。兼任河南省外国文学学会长。其间，先后带三届研究生。在教学工作的同时，翻译过托马斯·葛雷（公元1716－1771年，英国新古典主义诗人）的长诗《墓畔哀吟》，以及拜伦（公元1788－1824年，英国19世纪初期伟大的浪漫主义诗人）、雪莱（公元1792－1822年，英国浪漫主义诗人、作家）、济慈（公元1795－1821年，英国19世纪初浪漫主义诗人）等人名诗并结集为《英诗选萃》。

在长期致力外国文学研究和专业课程讲授同时，牛庸懋先生还钟情于中国古典文学，时常吟诗填词，笔耕不辍。特别喜欢柳宗元诗文和司马迁《史记》，并拟定了《柳宗元评论》和《司马迁及〈史记〉》

写作研究计划。在讲授外国文学过程中，逐渐体会到古希伯来文学和希腊罗马文学是近代欧洲文学的两个源头，而且古希伯来文学对于欧洲文学的影响远较古希腊罗马文学的影响为大。也激发了对《圣经》《旧约》的研究兴趣与探索。正是基于这种广博的学术视野、文化沉积，在外国文学研究领域，他独辟蹊径，从中跋涉，取得丰硕成果。

在这片学术领域里，牛庸懋一路追逐涉猎，不知疲倦，乐而忘返，"博"与"专"，"求"与"索"，"知"与"行"，不迷惘，不倦怠，孜孜以求，最终到达理想的高峰。在浩瀚无垠的世界文化宝库中，寻中外文学之奥妙，享学术研究之乐趣，筑人生奋斗之篇章！

牛庸懋先生与家人

如今，与牛庸懋先生的那次见面，整整 37 年过去了，每每忆起与牛庸懋先生促膝交谈时的场景，竹篱小楼前，绿荫下，牛庸懋先生挥手告别时的身影，白发皓首，音容犹在，"师心"永驻！

2022 年 2 月 18 日初稿

2022 年 2 月 20 日再稿

# 明伦之约——追忆张如法先生

> 一百一十年的河大明伦校区，人杰地灵，英才辈出，薪火相传。古朴典雅、书香浸润的校园，有一个美丽的"四老传说"，即河大新闻编辑出版专业领域张豫林、王振铎、宋应离、张如法四位德高望重的先生，学院师生们敬称为"四老"。如今遗憾的是"四老"中的张如法先生已于2020年永远离开了我们。
>
> ——题记

今天让我们一同追忆张如法先生。

还是几年前，临近春节，与单位同事一同看望张如法先生。明伦街南侧河大附属小学对面家属院五楼，简陋至极，张如法先生简朴到极致的生活给我留下极为深刻的印象。与张如法先生平素几次的交往成为永远的怀念，今以此文以示纪念。

1996年9月2日明伦校区南大门合影（前排自左至右李卫国、冯团彬、张如法、苏文魁、沈卫威，后排左胡德岭右王文科）

阎现章老师提供学报编辑部老师合影（前排右一为张如法老师）

翻开履历：

张如法（1938—2020年），男，汉族，浙江宁波人，河南大学编审、教授，硕士研究生导师，主要研究方向为编辑社会学和编辑选择学。1959年毕业于华东师范大学中文系，毕业后一直在河南大学从事中国文学与编辑学的教研工作以及《河南大学学报》的编辑工作，是我国最早研究编辑学并招收编辑学研究生的学者之一，在编辑学的教学和研究方面做出了突出贡献，2010年荣膺"新闻教育30年贡献人物奖"。

20世纪80年代后期，张如法曾主持《河南大学学报》享誉全国学报界的《编辑学研究》专栏（该栏目于2014年入选教育部"高校哲学社会科学学报名栏建设第三批"名单）。他认为"编辑即选择"，是学界"编辑选择观"的代表学者之一。出版专著：《编辑社会学》和《编辑的选择与组构》。《编辑社会学》一书开创了编辑学中对"人"与"社会"关系研究的先河，先后荣获"全国高校文科学报研究会首届优秀著作奖"、1991年"河南省优秀社会科学成果三等奖"等。《编辑的选择与组构》一书也被学界誉为中国研究编辑选择理论与实践的代表著作。其论文《选择：编辑的历史使命与社会职责》荣获"全国首届优秀出版论文奖"，代表性的学术论文还有《组构：编辑的文化学意义》《完善：编辑的一个本质含义》等数十篇。其在编辑出版的实践方面功力深厚，在《河南新文学大系》丛书中担任四本书的策划、编辑工作，该丛书分别荣获第十届中国图书奖、第三届国家图书奖提名奖。经其负责校对、编校质量检查的数十本图书、五种期刊，皆为优级编校质量。在编辑出版学理论与实践上潜心研究，独辟蹊径，勇于实践，成绩斐然，深受学界尊重。

张如法先生，历尽82个人生春秋，一生简朴，心无旁骛，潜心编辑出版研究领域几十载，专心而执着，淡泊而从容，宁静而儒雅。与张老师晤面时那慈祥的目光，音容笑貌，将留在我们的记忆中，永不褪色。

严励、王文科与张如法老师合影　　王文科、涂钢与张如法老师合影

后记——110年后的明伦校园依然是低调的古朴典雅与厚重，书香弥漫，暗香浮动。"四老"只是河大无数个默默坚守、辛勤耕耘老师的代言人，正是这种"孺子牛"与"拓荒"精神，成为河大学术领域的引路人与脊梁，成为教书育人的楷模与典范，影响一代又一代学人去传承，接力，奋进。"四老"身上凝聚的学术精神成为引领学术学科发展的内在动力，成为构筑学院文化与传承的源泉。成为河大"百折不挠，自强不息"大学精神的精髓。相信，这种河大人的学术精神、学术血脉、学术情怀、学术品格，如春风化雨，润物无声，滋桃润李，薪火相传，定会在河大这片学术沃土生根，开花，结果。春华秋实，桃李满园，香飘四溢，代代流芳！

祝愿学术之树常青！

祝愿育人之苑常绿！

祝愿代代学人,
祝愿我们的河大,
猗欤吾校永无疆!!

2022 年 2 月 14 日上午初稿
2022 年 3 月 21 日明伦校园再稿

## 明伦之约——记宋应离先生

> 一百一十年的河大明伦校园，人杰地灵，英才辈出，薪火相传。在古朴典雅、书香浸润的校园，有一个美丽的"四老"传说，即河大新闻、编辑出版专业领域张豫林、王振铎、宋应离、张如法四位德高望重的先生，学院师生们敬称为"四老"。
>
> ——题记

今天，让我们一同走近宋应离先生。

这是一张普通的个人履历——宋应离，1934年生，河南省漯河市人。1955年考入河南师范学院（现河南大学）中文系；1956年元月加入中国共产党；1959年毕业留校任教，先后教授中文系"文艺理论课"，政治系、艺术系"文艺理论课"，外语系"现代文学名著选读"等课程。1973年至1978年先后任中文系党总支副书记、校党办副主任；1978年至1990年任《河南大学学报》编辑部主任、主编；1990年至1994年任河南大学出版社社长。1997年退休。1986年至2012年，担任编辑学专业硕士研究生导师，先后指导研究生40余人。

出版学术专著 10 部，共计 1100 万字，发表学术论文近百篇。曾荣获以下荣誉称号：1989 年获得河南省优秀教师奖，1990 年获全国高校文科学报事业突出贡献奖，2006 年获中国高等教学学会新闻传播专业委员会中国新闻教育贡献人物奖，2011 年被评为新中国 60 年 100 个有影响力的期刊人。几十年来，宋应离先生教书育人，潜心学术，深受师生爱戴。

作者作品《河南大学庆祝建党一百周年大会上校党委书记卢克平与宋应离先生亲切握手》

怀着敬佩之心，2021 年岁末，我们如约来到明伦街南侧教授院宋应离先生家里。已是数九寒天，教授楼前，宋先生已在门口迎接我们。宋先生已届 88 岁高龄，精神矍铄，步履快捷，思维敏锐，声音洪亮，略显陈旧的中山装，朴素干净整齐。冬日阳光绵绵，几缕阳光透过窗户照射进客厅，显得格外温暖。不到 10 平方米简朴客厅里，我们与宋先生促膝交谈，其乐融融。话题从学校"双一流"谈到学院学科发展、博士点建设、年轻骨干人才培育成长等。言谈之中流露出宋先生对学校发展的倾心关注，对学院建设关心之情，惜才、爱才之心切。

2021年冬作者与宋应离先生家中合影

2021年冬与宋应离先生家中合影
宋应离（中）、王鹏飞（左）、王文科（右）

河大新闻与传播学院从事编辑出版教学研究的青年学者段乐川教授在2013年《出版科学》的《史家情怀与道德文章——读〈宋应离出版文丛〉》一文中,评价宋应离先生:钟情于出版史的研究,"是有一种难以割舍的专业情怀"。在多年的出版史研究中形成重要特色:鲜明而浓烈的史家情怀;重视出版史料学科构建;突出出版人物主体价值地位。形成出版主体生命意识的自觉,出版主体社会价值观念的自觉,出版主体出版价值的自觉,在宋应离先生出版史研究中形成融三种自觉为一体的出版文化自觉和研究特色。该刊物创始主编蔡学俭先生曾评价:"宋应离先生不仅是河南大学,也是全国出版史研究的精神旗帜!"正是基于这样的学术情怀,其研究成果及文风呈现出质朴无华、独特而又韵味无穷的风格。在工作生活中,宋应离先生养成了惜时如金、只争朝夕、勤于笔耕的生活习惯,展现出德高望重的长者风范,朴实无华的学者之风。

起身与宋先生辞行,环视一下客厅,两幅醒目的大字深深吸引着我:客厅东墙横幅"平易恬淡",洋洋洒洒,浓墨重彩,不拘一格。北墙上,中华书局熊国祯手书的"培育新人无倦意,爬梳史料有雄心"条幅跃然纸上。两幅墨迹,抒写出宋先生学术育人的博大情怀,更是宋先生潜心治学的真实写照。

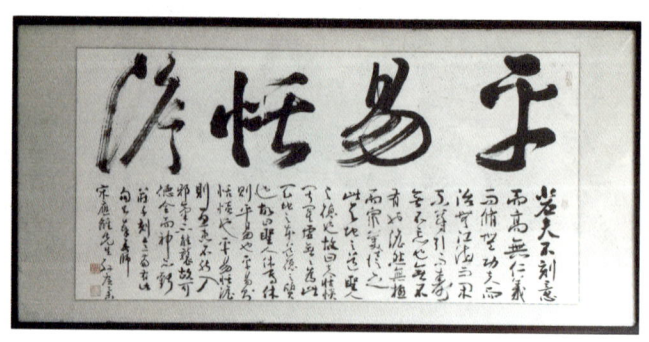

作者作品《宋应离先生家中墨宝条幅照》

室外，寒气袭人，冷风飕飕。望着宋先生，我们久久不愿离去。冬日里，脑海里充盈宋先生那亲切慈祥的面孔，一股温暖意涌上心头……

后记：一百一十年后的河南大学，依然是低调的古朴与厚重，书香弥漫，暗香浮动。"四老"只是这所百年老校无数个默默坚守、辛勤耕耘老师的代言与化身。正是这种"孺子牛"与"拓荒牛"精神，成为学术领域的开拓者与引路人，成为河大百折不挠、自强不息大学精神的精髓。这种精神必将代代传承，接力奋进，成为构筑学院学术发展与传承创新的灵魂。相信，这种学术精神、学术血脉、学术品格，如春风化雨，润物细无声；这种学术成果也定会在河大这片沃土中生根，开花，结果，春华秋实，桃李满园，香飘四溢，代代流芳！

祝愿学术之树常青！

祝愿育人之苑常绿！

致敬代代学人！

祝福我们的河大！

猗欤吾校永无疆！！

2022年3月6日明伦校区初稿

2022年3月13日再稿

# 明伦之约——张豫林先生印象

> 建校110年的河南大学，人杰地灵，英才辈出，薪火相传。古朴厚重、书香浸润的明伦校园，有一个美丽的"四老"传说，即学校新闻、播音、编辑、出版专业领域张豫林、王振铎、宋应离、张如法四位德高望重的先生，学院师生们敬称为"四老"。
>
> ——题记

一元复始，春回大地。

八朝古都，百年明伦。

2020年1月13日，辛丑岁末，春节的氛围愈来愈浓。这天上午，我们如约来到明伦校区西门，学校家属院一幢旧式简易红砖小楼。轻轻叩开三楼房门，张豫林先生与爱人周改华老师及女儿热情接待了我们。简朴、雅致的屋里，洋溢着节日喜庆的氛围，显得格外温馨。寒暄之后，在充满温馨的室内，以"中国结"为背景，留下了一张张珍贵的合影。

让我们一同走进张豫林先生那丰富多彩的教育、学术、艺术、人生，那充满诗情画意、激情澎湃的生活世界。

2022年元月与张豫林先生家中合影

（自左至右：赵涛、张豫林、周改华、王文科、陈琳）

## 三尺讲台　艺术人生

张豫林，1933年出生，河南郑州人。这是一个与文学与艺术与家乡紧密联系在一起的名字。1956年考入河南大学（时为河南师范学院）中文系（当时被艺术系和中文系录取，他选择了中文系）。在读期间，曾任学校文工团团长。1962年考入中国人民大学文艺理论研究班，本

张豫林

有机会留在首都北京，为了奉献家乡，1964年毕业前夕，他主动要求回到河南大学（时为开封师范学院）任教。回校后，曾任文艺理论

教研室主任、硕士生导师、教授,河南省美学学会秘书长、河南省文学学会文艺理论研究会副会长、中国音协音乐文学研究会河南分会名誉会长等文艺学术团体职务。在校任教期间,除担任中文系"文艺理论"和"西方文论"课程外,还为艺术系开设"艺术概论""歌词作法"等课程。张豫林先生对学生一视同仁,严格要求,充满爱心。他常常说:"不严无以成教,有爱方能育人。"所授课程,融专业性、欣赏性为一体,深入浅出,饱含激情,深为同学们所爱戴。课堂上,同学们总是为张先生那种激情与投入所吸引,每一堂课都是一种享受,一次洗礼,一次感动。

躬耕讲坛几十载,

桃李不言满园春。

张豫林先生授课中

走进张豫林先生不足 10 平方米客厅兼卧室内,西面墙上,布满了不同时期、大大小小、色彩斑斓的历届同学照片合影,可谓一面"照片墙",它深深吸引了我们的目光。据专业的同学透露,这面墙还隐藏个"小秘密",谁的照片能上这面墙,是一种标准,一种向往,更是一种荣誉。看到这面墙上布满的各种场景与照片,可以想象张豫林先生背后的辛勤付出与汗水。照片墙,"爱心墙";照片墙,"育林墙"。这面墙,是一面明镜,照亮学子们的心田;这面墙,也是一方人生舞台,激励莘莘学子向更高的专业与人生目标奋力跋涉攀登!

温馨家园聚英才,

爱心励志助航程。

"照片墙"育人榜

### 开播音之先声　谋专业之发展

时代的发展,需要大批新闻与传播专业人才。为了迅速适应社会需求,张豫林先生根据自己积累多年的教学经验,率先敏锐提出在中文系开办高级口语班的设想,并付诸实施,亲自担任朗诵、配音、播音和节目主持课程的讲授,在此基础上,1993年正式成立了广播电视系,为2002年成立的河南大学新闻与传播学院广播电视专业在课程体系、教材、师资等方面奠定了良好基础。他主编有高校文学概论专业教材《简明文学概论》《实用口语技巧》（合著）等，发表文艺理论、美学论文30余篇。2012年9月10日，中国高等教育学会新闻学与传播学专业委员会七届一次会议在河南大学举行，张豫林先生荣膺第三届中国新闻教育贡献人物，这是本年度河南省唯一的荣誉称号获得者。这也是对他潜心教学、致力新闻传播事业、培育英才的最高褒奖。张豫林先生课堂上激情似火，内心柔静如水，为人谦和，达到至真至纯至善至诚至美之境界。

2012年7月，在河南大学举行建党一百周年庆祝大会上，他代表50年党龄老党员发言，言之铮铮，情之切切，心之至诚，展现了一位老教育战线工作者对党的教育事业的使命担当与无限忠诚！

记得前些年，在五号楼新闻与传播学院，张豫林先生曾多次专程到学院办公室谈学院新闻播音专业课堂、实践教学，播音专业教材体系建设，学科专业发展，如何提升专业教师科研能力一系列思考与建议。在他的心目中：专业老师应该去功利，沉下心，练内功，强本领，敬三尺讲台，守一方净土，心无旁骛，净化心灵，守正敬业，潜心育才。"心系课堂，情至专业，胸怀天下。"每每与张先生交谈，一种激情荡漾，一股敬意涌上心田。

汗洒播主"拓荒牛"，

引领时代谱华章！

在师生心目中，张豫林先生总是饱含激情，优雅从容。张先生与夫人周改华是大学同学，是文友，是亲密伴侣，家庭生活中"赌书泼茶、举案齐眉、相敬如宾"，他们常常一起校园漫步，谈诗论赋，如切如磋……张豫林先生身上和内心还蕴含着鲜为人知、独特的艺术才艺。吹拉弹唱，门门通晓，笛子、洞箫、萨克斯风、大小提琴，尤其是二胡拉得最好。此外，写诗、书法、填词、歌唱、表演、合唱指挥,歌剧、舞剧、话剧,样样精通。当时,由他组织策划编导的河大文工团节目,深入工厂、农村、部队巡回演出,深受工农兵的欢迎与喜爱。因其多才多艺、才华横溢,他与当时的周宏俊、矫桂堂、仁丹被誉为中文系"四大才子"。源于对文学的情结,张先生将自己在工作生活之余所感所悟,诉诸笔端,创作出版了作品集《豫林诗集》,用诗歌抒发内心情怀,记录社会与人生。

作者与张豫林先生于新闻传播学院

几十年来,他们夫妇爱生如子,无论是专业的同学或者是慕名而来的学子,都会让孩子们感受到熟悉、亲切、热情,如家一般温暖。这里是一届又一届同学们温馨的家园,汲取营养与动力的港湾,人生征程中的加油站,茫茫大海中一盏永远闪亮的灯。它照亮学子们回家的路,给迷茫中的孩子以方向,给成长与跋涉者吹来一股暖暖的风……

让我们来听听几位同学和老师发自肺腑的心声:"还记得毕业那年,张老师语重心长地嘱咐我们,如果你不能做一名出色的主持人,那就做个好人。要做到播如其人。至今历历在目,感念恩师,受用终生……""玉壶存冰心,朱笔写师魂。谆谆如父语,殷殷似友亲。""文人风骨,学者风范。姥爷像一盏明灯,照亮我前行的路!"……中国传媒大学张政法教授,是河大中文系九一级毕业生,他曾撰文这样总结:"张豫林师,一是高悬的审美人格。二是高扬的自我灵魂。三是声音活力。""有教无类,重情志涵养,传灯精神"将永远成为学子们传承与效法的典范。

河大新闻与传播学院强海峰老师这样描述张豫林先生,他——

*激情澎湃,热情似火;*
*爱憎分明,疾恶如仇;*
*传道授业,诲人不倦;*
*真诚守信,忠贞不贰。*

这也正是无数个同学、老师心目中敬仰的张豫林先生!

桃李不言,下自成蹊。

春风化雨,润物无声。

辞别张豫林先生,亲切,和蔼,敬仰,祝愿,一切美好一并融入心间,久久萦怀。"莫道桑榆晚,为霞尚满天。"(唐代刘禹锡)虽已年届九旬,我们心目中的张豫林先生依然是那么年轻、洒脱,依然是激情澎湃、儒雅、淡泊、从容。高山仰止,景行行止。大爱无言,岁月有声。……让我们送上最美好的祝福。衷心祝福他健康长寿、幸福,永远!!

后记——今年 9 月，学校即将迎来 110 周年华诞。110 周年后的河大明伦校园依然是低调的古朴典雅与厚重，书香弥漫，暗香浮动。"四老"只是无数个默默坚守、辛勤耕耘老师们的代表，正是这种"孺子牛""拓荒牛"精神，成为学术领域的开拓者与引路人，成为河大"百折不挠，自强不息"大学精神的精髓。这种精神必将代代相传，发扬光大，成为构筑学院学术发展、传承、创新的灵魂。相信，这种学术精神、学术血脉、学术品格，如春风化雨，润物无声；这种学术成果也必定会在河大这片沃土中生根，开花，结果，春华秋实，桃李满园，香飘四溢，代代流芳！

祝愿学术之树常青！

祝愿育人之苑常绿！

致敬代代学人！

祝福我们的河大！

猗欤吾校永无疆！！

2022 年 1 月 10 初稿

2022 年 3 月 17 日 19 时再稿明伦校园

2022 年 3 月 20 日三稿于春分时节

静音沉璧

# 明伦之约——走近王振铎先生

> 百年河大明伦校园，人杰地灵，英才辈出，薪火相传。在古朴典雅、书香浸润的校园，有一个美丽的"四老传说"，即河大新闻、播音、编辑出版专业领域张豫林、王振铎、宋应离、张如法，四位德高望重们的先生，师生们敬称为"四老"。
>
> ——题记

今天，让我们一起走近王振铎先生。

在河南大学明伦校园，师生们经常看到一位白发皓首、和蔼可亲、精神矍铄、步履快捷的长者，他就是被誉为中国编辑学研究的领军人物之一，我们尊敬的河南大学教授王振铎先生。

王振铎，汉族，1936年出生，河南洛阳偃师人。1955年考入河南师范学院（今河南

王振铎

大学）中文系，1959年毕业后留校任教。历任讲师、副教授、教授。1978年任《河南大学学报》编辑部主任、主编。1996年任河南大学新闻编辑出版科研所所长，曾兼任中国编辑学会副会长、中国出版科研所特约研究员、河南省孔子学会会长等学术机构团体职务。1960年开始发表作品。1984年加入中国作家协会。先后发表文学评论《李準、峻青小说欣赏》《学习毛主席的诗词》《论王国维的境界说》《中国文论大观》《中国传统诗学的现代阐释》《美与媚》《一元多质的文学论》等系列论文，在学界产生较大影响。王振铎先生出版的《编辑学通论》《编辑学原理论》《编辑学理论与媒体创新》系列编辑学术论著在学术界产生巨大反响，被誉为"文化缔构编辑学派"的倡导者。

编辑学的概念，是以1949年3月李次民出版《编辑学》一书为标志，在中国诞生了半个多世纪。作为一门新兴的独立学科，一代代编辑学人筚路蓝缕，探索总结，默默耕耘，辛勤付出，为这门学科理论研究体系的创建完善与发展做出了独特的贡献。河南大学王振铎先生正是其中的代表人物。

关于王振铎先生的编辑学理论研究，河大新闻与传播学院青年学者段乐川教授在《河南大学学报（哲学社会科学版）》，（2014年1月第一期）撰文总结为：王振铎先生从文化缔构编辑观到编辑活动"三原理"、编辑活动"六元论"，再到编辑活动的"媒介性"和"主体间性"特征，其编辑学研究形成了一个以编辑创造媒介为思想核心、编辑学活动规律探究为主题的脉络、编辑哲学观照为逻辑依归的相对完整的普通编辑学理论体系。此观点是对王振铎先生编辑学研究理论特征的高度概括与评价。

王振铎先生与国家新闻出版署领导亲切交谈

王振铎先生（二排右二）与学报同事们合影

如今，已是 86 岁高龄的王振铎先生精力充沛，思维敏捷，笔耕不辍，在编辑学理论研究实践活动中依然是默默坚守；王振铎先生严谨细致的学者风范，和蔼慈祥的长者之风，似一面旗，给学子们以学术引领，似一盏温馨的灯，照亮学子们求知的心田……

后记——110 年后的河南大学明伦校园，依然是古朴、典雅、博大、厚重，书香弥漫，暗香浮动。"四老"只是这座百年老校中无数个默默坚守、辛勤耕耘老师们的集中代表，正是这种"孺子牛"与"拓荒牛"精神，成为学术领域的开拓者与引路人，成为河大"百折不挠，自强不息"大学精神的精髓。这种精神将代代相传，接力奋进，成为学院学术传承发展创新的灵魂。相信，这种学术精神、学术血脉、学术品格，如春风化雨，润物无声。定会在河大这片学术沃土生根，开花，结果，春华秋实，桃李满园，香飘四溢，代代流芳！

祝愿学术之树常青！

祝愿育人之苑常绿！

致敬代代学人！

祝福我们的河大！

猗欤吾校永无疆！

2022 年 3 月 22 日于明伦校园

# 明伦之约——忆周启祥先生

又是一年的清明时节，此刻，特别怀念我们的老师——周启祥先生。

周启祥（1918－2003年），祖籍四川。诗人，学者，教授。1935年参加"一二·九"爱国学生请愿与示威游行活动，中共地下党员。抗日战争时期，先后在洛阳、西安等地主编文学副刊，在国统区从事进步文化活动，是党领导下的西安《西线文艺》副刊编委，担任我党创办的"国际新闻社"晋冀鲁豫特约记者。抗美援朝中，曾在志愿军总部工作。主编有《三十年代中原诗抄》，代表作《家园集》（与苏金伞、魏巍合著的诗歌合集）等。

周启祥

对于周启祥先生的深刻印象是从我们学生时代创办"铁塔文学社"开始的。

1984年10月18日，我与大学同学冯团彬、高金光、张爱萍、吴泽永、赵孟良等几位志同道合的文友发起成立中文系"铁塔文学社"。文学社聘请刘思谦老师为名誉社长,周启祥先生及著名作家魏巍、端木蕻良、张振亚、苏金伞、赵青勃、张一弓、叶文玲、王怀让、李允久等为文学社顾问。

周先生与铁塔文学社同学合影(第二排左五周启祥,左六刘思谦,右二王文科)

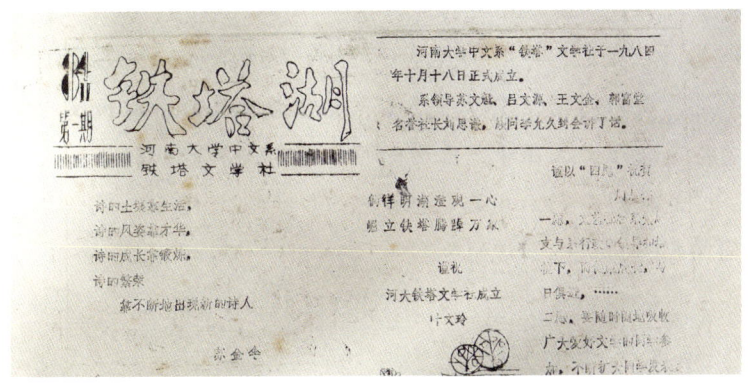

铁塔文学社刊物《铁塔湖》创刊号

我们筹划在文学社成立当年的 10 月 18 日，在十号楼一楼北边，当时的现代汉语教研室举行一个简短的成立仪式，便以文学社筹备小组的名义邀请了中文系部分师生代表和周启祥先生。当时周启祥先生因身体原因，不能亲临"铁塔文学社"成立现场，特意写来一封以"四愿"相祝的信件（刊发在文学社《铁塔湖》创刊号）。

时值我系铁塔文学社成立之际，请原谅我因病不能应邀参加你们"济济一堂"的盛会，谨以"四愿"为祝为贺：

一愿，文学社在系党总支与系行政领导的培植下健康成长，与日俱进，就像千百年来雄踞在中原大地巍巍铁塔的高耸入云那样。

二愿，文学社的负责同学，在相互团结与共同努力下，要随时随地吸收河大爱好文学的同学们参加，不断扩大自己的队伍，使创办的期刊真正成为河大同学发表自己文学创作与文学评论的园地。通过办刊物，要学会兢兢业业地、切实地做一些艰苦细致的工作，而不是风头主义者。

三愿，文学社从创办开始，就要具有建设梯队的长远思想与战略眼光，使文学社成为永久的而不是一时的战斗团体。同校内其他文学刊物的关系是：既要相互展开竞争，又要相互促进，共同发展，以体现社会主义时代的基本精神特点。

四愿，在我们同学的创作与评论中，逐步产生今天的鲁迅、郭沫若、茅盾，新的周扬、丁玲、巴金、老舍与曹禺，产生我国的托尔斯泰、惠特曼与莎士比亚等，来进一步丰富与发展我们社会主义时代的文学。这是我的希望，也是完全可能的。

同学们，前进，前进吧！

周启祥
1984 年 10 月 17 日于开封

如今，看到这封保存 38 年已经泛黄的稿纸，周先生那遒劲、洒脱的笔迹，字字嘱托，殷殷期望，温暖与敬意涌入心间。也不禁回忆起周启祥先生当年为我们授课时，课堂上那充满激情、高亢的声音，那满头白发，一双锐利的目光，时时萦绕眼前……

**2022 年 4 月 5 日清明时节于明伦校园**

# 明伦之约——忆靳德行校长

在我的印象中,靳德行校长是一位严谨、谦和、儒雅的学者与长者。他 1991 年 8 月担任河南大学校长,1995 年 6 月因赴德国公务访问活动,返回途中突发哮喘,以身殉职,给学校师生和家人留下了永远的思念!

靳德行(1935—1995 年),男,中共党员,河南许昌人,教授。1959 年河南大学历史系毕业,历任历史系副主任,系党总支副书记,河南大学校党委副书记、校长。兼任《史学月刊》主编、河南省社联副主席等职。主编出版《中国革命史》《中国革命史辞典》《中华人民共和国史》《中国共产党的建设大辞典》《毛泽东研究事典》等 10 余部专著,发表《评价陈独秀的几个问题》等学术论文 20 余篇。1983 年以来担任中共党史专业硕士研究生导师。靳德行作为全国知名专家学者,在历史、现实与党的方针政策方面有机结合,掌握精当,恰如其分。在中国现代政治思想史

靳德行

研究方面，为中国现代政治思想史专门史的研究奠定了基础。在"国史"研究领域做出开创性工作，取得了令人瞩目、成绩卓著的研究成果，是一位学者型校长。

靳德行担任河南大学校长三年零十一个月，时间虽短，却给师生们留下了深刻印象。有一件事情至今难忘。记得还是他刚就任校长不久，我想收集学校当时一些知名专家教授资料写一本河大"名人传记"，不知道从何处入手。于是，给靳校长写了一封信。第二天，很快收到他给我的回复（可惜信件在搬迁时遗失）。内容为：

文科，好。你准备采写收集撰写学校知名专家教授的想法很好，是非常有意义的一件事情。我的具体建议，可给学校相关部门学院结合，听取他们的指导意见，列出提纲名单，逐一采写。此意见仅供你参考。

——靳德行

1992年4月20日，校友、全国人大外事委员会常务副主任王国权（左三）回母校探望，右三为靳德行校长

回信中给予我热情鼓励,并把回复信件亲手交给了我。后来由于工作繁忙和变动,主要是自己的惰性,原本很好的想法最终未能如愿,未能采集成书,的确留下几许遗憾,也觉有愧于靳校长的殷殷期望。每当忆起这件事,这封信便始终成为心中珍藏的一份温馨与感动,也时刻鞭策与激励自己,无论何事不可懈怠,时刻不忘前行。

读书时光

如今,37年过去了,心中时常回想与靳校长那段短暂相处的工作时光,他那谦和的微笑、轻盈的步履、亲切的话语,永存记忆之中。

在学校迎来建校 110 周年之际,谨以此文怀念心目中的靳德行校长,怀念那段宝贵的时光!

2022 年 4 月 1 日于明伦校园

2022 年 4 月 17 日再稿

# 明伦之约——走近程民生教授的学术人生

在古朴典雅、书香弥漫、充满记忆与故事的河南大学明伦校园，我们乘坐校车的"班车友"时常会遇到一位步履匆匆的身影，走下学校通勤班车，步入南大门内的办公楼，开始一天的工作与研究，他就是大家熟悉的"宝藏教授"——程民生。

还记得2021年6月6日，又是一个毕业季，阳光明媚的大礼堂前，身着导师与学位服的师生们，脸上充溢着喜悦与留恋，祝福与希望。2021届毕业典礼上，程民生教授那慷慨激昂、妙语连珠、掷地有声、幽默风趣的演讲给师生们带来强烈的共鸣与震撼，激情与涌动。"为天地立心，为生民立命，为往圣继绝学，为万世开太平。"把北宋张载（公元1020－1077年，字子厚，又称张子、横渠先生，祖籍大梁，生于长安。北宋思想家、教育家、理学创始人之一）的"横渠四句"演绎得淋漓尽致。

一堂生动而现实的毕业教育课，为同学们即将踏入社会，如何践行"探索、担当、奉献、使命"指明了人生方向与坐标；激励并警醒同学们"累了可以躺一会儿，可不能一直躺啊"！教会即将毕业跨入社会之门的同学们，应自立自强；踏入社会后要"不忘初心"，"有所为有所不为"，"以不变应万变"，"规律生活，坚持不懈"。谆谆嘱托同学们如何走好人生之路，迎接社会挑战，成就美好的未来。把知识与哲理、学术与人生的营养注入血脉，让学子们对大学的记忆由瞬间变为永恒。这次毕业典礼成为师生们一段独特的心灵历程和难以忘却的大学印记。

今天，让我们一同走近程民生教授。

程民生

程民生，回族，1956年3月生，河南开封人。1971年初中毕业后下乡当知青，1975年在开封纱厂当挡车工。1977年考入大学，1981年大学本科毕业于河南大学（时为河南师范大学）历史系，1985年硕士毕业于暨南大学历史系，1990年博士毕业于河北大学宋史研究室，分别获得学士、硕士、博士学位。现为河南大学历史文化学院教授、博士生导师，河南省特聘教授。河南省首届中青年社会科学优秀专家，2012年度河南省高校哲学社会科学年度人物。2022年被评为"河南大学最美教师"。享受国务院政府特殊津贴专家。河南大学宋代研究所所长。开封市历史学会会长等。曾任中国宋史研究会副会长、《河南大学学报》主编，兼任国家社科基金评审专家等，担任《中国经济史研究》《中原文化研究》编委等。韩国高丽大学历史系客座教授。他主要从事宋史研究，兼治中国经济史、中国文化史。出版专著十余部，发表学术论文150余篇。

40多年来，程民生教授在史学领域潜心研究，大胆探索，默默耕耘。在宋史研究领域，独树一帜，取得一系列突破性丰硕成果，其

## 二 | 人物篇

研究特色与广泛影响,为史学界所注目。

自左至右李建伟、程民生、王文科于明伦校区南大门合影(王鹏飞摄)

很喜欢程民生教授源于学术、生活、人生总结的这句话:"热爱生活,享受学术。"

在瞬息万变的当今世界,拥有一份对生活的热爱之情;学无止境,存一份纯净的学术之心。坚守自己的学术信仰,始终秉承,坚持、守正、创新,数十年如一日,这就是普通而平凡的程民生教授学术与人生的真实写照。

"热爱生活,享受学术。"正如他自己所总结——"我生命存在的方式:读书、教书、写书"。程民生教授对生活激情澎湃,对学生诲人不倦,对学术倾情专注,可谓"人生三部曲",在有序而充实、简约而有致、平凡而快乐的工作生活中实现并超越自我,在学术的海洋中自由徜徉。

"热爱生活",是一种人生品质与态度,如同呼吸新鲜空气,沐浴四季之阳光。是人生历练后的自信与淡定。

"享受学术",是一种执着与坚韧的感悟、辛勤与付出后的回馈、甘于寂寞后的微笑、安于淡泊与清贫的宁静,是一种心境、胸怀、向往、优雅、坦然与从容。

2022年5月作者和程民生教授于林伯襄雕像前留影(姬建敏摄)

程民生教授潜心史学研究,严谨,缜密,一直秉承可贵的学者之风。

资深学部委员王曾瑜先生在权威刊物《中国史研究》(2009年5月)发表的《〈中国北方经济史〉的启示和区域经济研究》一文中这样描述评价了程民生先生的这部60万字的力作佳作:"由断代史走向通史的榜样,在真正意义上做了贯通四千年的相当深入细致的经济重心演变的研究,成为比前人研究更有分量的一家之言。"这只是程民生先生史学研究中的冰山一角。这评价客观而中肯,个性而权威。不论就中国大陆宋史界,或是史学界而言,程民生先生无疑是一位杰出的中年学者!

程民生教授，惜时，从不浪费时间。

程老师一位现居美国迈阿密的学生这样说道："在我们的印象中，他好像没有什么假期，只要不出差，基本都在自己的办公室，大年初一给他老人家拜年，他竟然还在办公室。"（——摘自学生语）

程民生教授苛求、严厉，但厚爱学生。

"以前觉得研究生很轻松。现在才知道，研究生的压力比本科生更大。一部论文集，至少有三百篇论文，每篇都要写摘要……有我老师的教学智慧，虽然批评学生，但从来不否定学生，最会激发学生斗志，而不是让学生有破罐子破摔的想法……"（——摘自学生语）

程民生教授崇尚诚朴，为人善良、纯真。

在河南大学2021届毕业典礼上，程老师寄语毕业的学子们："无论作为知识分子还是老板，千万不要泯灭与生俱来的善良，不要丢掉藏在心底的纯真。因为那是作为人类的基因和理由。纯真能辟油腻，善良能辟什么？善良能辟邪！"（摘自《河南大学2021届毕业典礼上的发言》）。业不可不勤，人不可不善。善良与纯真是一种人生自觉、人生本质、人生智慧、人生境界、人生灵魂。

程民生教授为人质朴、豪爽，喜欢简约有致、忙碌而充实的工作生活节奏。

"昨天在院门口，突然望见忙碌中奔波的程老师，为了学生，为了学校，为了学术。此刻，匆匆远去的背影，转化为人生教育……"（——摘自学生日记）

在我们的印象中，程民生教授博学、执着、含蓄、淡定、从容、坦荡、自信、风趣、幽默。与程老师接触交流会感觉有一种巨大的气场萦绕，那镜片后深邃的目光，流露出一种威严的学者之风、一种兄长般的敦厚与真诚，散发出一种魅力、一种智慧、一种感召力。

在生命的漫漫旅程中，用爱去拥抱生活，迎接每天清晨的第一缕阳光。

在学术这片广袤的沃土中，默默奉献智慧与真诚。

诗人雨果曾说：世界上最宽阔的是海洋，比海洋更宽阔的是天空，比天空更宽阔的是人的胸怀。

在明伦校园内，每每看到程民生教授那匆匆远去的背影，仿佛看到一个史学者在知识海洋中的守望，一个史学者对历史、现在与未来学术天空的默默凝视与期望。看到的是一个史学者比海洋与天空更博大的学术情怀与心胸！

祝愿我们敬仰的程民生教授，伴随那颗永远年轻的心灵，不倦跋涉的步履，辛勤耕耘，不断收获喜悦；用饱含智慧的学术视角，谱宋文化研究之神韵，续写宋史研究之乐章；用丰硕的研究成果，激励后学，抒写"热爱生活，享受学术"之忘我，之快乐，之境界，之永恒！

2022 年 4 月 26 日晚初稿

2022 年 5 月 1 日再稿于明伦校园

## 明伦之约——走近张大新教授

明伦街85号,这里,是一所令人敬仰的大学;这里,近代建筑群书写着百年历史与辉煌;这里,湖光塔影,琴韵书声;这里,充满着故事与记忆;这里,记载着普通与平凡,美好与感动!

在学校每天通勤班车上,"班车友"经常会看到一位亲和慈祥的长者,虽已年逾古稀,但神清体健,步履轻快,常年如一日,风雨无阻,悄然而规律,默默而守常。

他性格爽朗而饱含睿智,勤勉而敬业,淳厚而豁达,宁静而淡泊。

他,从唐宋文学到古典戏曲,从案头之曲到场上之戏的调研,以严谨质朴的学风和强烈执着的探索精神,秉承"居敬持志,循序致精"的学术理念,潜心研究,著书立说,在戏曲研究领域独树一帜,引起学界广泛关注与高度称赞。

他就是共和国的同龄人、著名戏曲研究专家、河南大学博士生导师——张大新教授。

张大新,男,汉族,1949年3月生,河南遂平县人。九三学社社员。1981年毕业于河南大学（时为河南师范大学）中文系。现为河南大学二级教授、博士生导师，河南大学河南地方戏剧研究所所长，河南省重点一级学科戏剧与影视学学术牵头人，中国古代戏曲学会常务理事，河南省古代文学学会会长，国家出版基金评审专家。他从事高等教育教学、科研40余年来，先后在《文学评论》《文艺研究》《文学遗产》《戏曲研究》等国家级权威社科期刊发表论文60余篇。其中多篇被《新华文摘》《中国学术年鉴·人文社科版》《中国古代文学研究年鉴》等多家高端评价体系全文转载。

张大新教授2010年10月于文学院河南地方戏研究所

代表著作有《沉沦·忧思·求索》（2002年，吉林人民出版社）、《二十世纪元代戏剧研究》（2007年，人民文学出版社）、《樊粹庭文集》（2013年，河南大学出版社）《中原戏剧的回顾与前瞻》（2014年，河南大学出版社）、《中国戏剧演进史》（2016年，中华书局）、《海内外中国戏剧史家自选集·张大新卷》（2018年，大象出版社）等多部戏曲研究专著。主编出版河南省高校文科规划教材《中国古代文学作品精读》（1994年，河南大学出版社）《中国戏剧简史》（2018年，河南大学出版社）；担任《20世纪辽金元文学研究》（2001年，北京出版社）《中国分体文学史·戏曲卷》（2001年，上海古籍出版社）主要撰稿工作。曾先后获得省部级优秀社科成果奖一、二、三等奖计9项，河南省高校优秀教学成果奖两项。主持完成"中国古代戏曲与民俗文化关系研究""宋金时期中原俗文化的发展与古代戏曲的成熟""元人心理与创作关系研究""樊粹庭文集""豫剧与近现代河南地方戏传统发展研究""中国近现代社会转型与河南戏剧的变革""中国近现代豫剧的变革转型与国际化进程研究"等国家、省部级社科规划项目8项。

鉴于张大新教授的学术成就与影响，他近期受聘为国家"十一五"重大社科规划项目《中华大典·艺术典·戏曲文艺分典》副主编，《中国大百科全书·文学卷》撰稿人。其学术成就及业绩入选《中国大百科全书·戏曲曲艺卷》等。目前，他正以充沛的精力从事中国传统戏曲与近现代河南地方戏研究。

季节的美好，是因为风的用心；花的鲜艳，是因为阳光雨露的钟情。潜心教学几十年，他对待学生犹如一缕春风拂面，如阳光雨露般温馨。

他的学生杨蕾等在《开封日报》或其他刊物撰文《有师如斯心悦然——张大新老师与学生推心置腹，言传身教》《是恩师又情同父子》《桃李满天映星辉》《谁持彩练当空舞》《守卫戏曲文化，甘当学术脊梁》……这些闪光的标题、充满感情的文字，也许正是同学们对张大新老师最崇敬最美好的心灵祝福与深情表达！

在师生的印象中，张大新老师质朴、内涵、淡泊、敦厚、谦和、慈爱、睿智、严谨、执着。在教坛辛勤耕耘几十载，甘为"孺子牛"；

在戏曲研究领域默默坚守,甘于寂寞,不为当今世俗繁华所纷扰,守望一方舞台,拥有一片独特的心灵空间,与戏剧戏曲人物用心灵语言交流对话。挖掘整理戏曲艺术国粹宝藏,弘扬祖国传统文化,默然而静心,执着而潜心,与寂寞为伴,与清静相守;在戏曲历史与现实的结合中寻找心灵深处的交汇与共鸣。

"追步先贤圣迹,游经史、茹苦含英。"一个学者在学术的海洋中孜孜以求的胸怀、毅力与学术品格,一所大学最值得拥有的学者精神,学子们心目中的灯塔。在这片学术领地,目之所至,皆是星辰大海;知之愈明,则行之愈笃。这也正是张大新老师心无旁骛、潜心学术纯净而执着学术品格与心灵的真实写照!

为了艺术,为了戏剧戏曲,为了弘扬中华优秀传统文化,他一直在坚守,在探索,在耕耘……

2018年6月张大新教授和应届博硕研究生合影

"豪情效祖逖,闻鸡起舞,溟渤掣鲸,沥胆植芳菲。告慰平生,豆蔻年华易逝,莫延宕,风雨兼程。长空里,群莺颉颃,振翼相和鸣。"(——张大新《满庭芳·湖畔晓行》)

"大音希声,大象无形。"在教学领域,张大新教授默默相守,如春风化雨,润物无声;在学术的道路上,张大新教授正孜孜不倦,闻鸡起舞,笔耕不辍,风雨兼程……

2022年5月9日初稿于明伦校园<br>5月10日、11日、15日再稿

# 明伦之约——记刘建中教授

夏日的金明校园，碧空如洗，绿草如茵，垂柳依依。天鹅湖畔，一顷碧波，微风轻拂，鱼鹅嬉戏，静谧而安然。

2022年6月8日，普通而平凡的一天，因为疫情原因，应届毕业生和在校同学们提前陆续离校，博大、澄碧的校区尤显宁静而祥和。这天，在金明校区商学院会议室，举行了一场简约而隆重的河南大学"中兴商鼎"奖学金捐赠仪式。捐赠人刘建中教授拿出自己退休金30万元人民币，设立专项奖，用于奖励学院该专业的本科生、研究生。这一天，也是刘建中教授66岁生日。河南大学党委书记卢克平、副校长许绍康，河南农业大学原党委书记程传兴，河南大学党委办公室主任裴强、教育发展基金会秘书长刘波、学院领导代表李社教，商学院党委书记冯海清、院长王性玉及师生代表共同见证了这具有纪念意义美好难忘的时刻。正如刘建中教授在捐赠仪式上发表的"感恩、追梦、情怀、期盼"感言，希望用这种方式完成自己的一个心愿，表达社会国家对自己的培养之恩，对学校未来教育事业的憧憬与梦想，在学校即将迎来建校110周年之际，表达一个河大退休教师对母校的厚爱与钟情，期盼与祝愿！

让我们一同走近刘建中教授。

刘建中，男，1956年6月生，河南项城人。1978年8月毕业于河南大学并留校任教。1998年晋升会计学教授。现任河南开封科技传媒学院商学院名誉院长，信阳师范学院和中原工学院硕士研究生导师。兼任中国商业会计学会常务理事、河南省注册会计师协会常务理事兼教育委员会副主任、国家社科基金通讯评审和成果鉴定专家。

刘建中教授主持全国高校会计学院院长论坛

他曾任河南大学会计研究所所长（1996－2019年），会计学、审计学、MPAcc硕士点首席导师和MBA、企业管理、国民经济学硕士生导师，河南大学教学名师（2006年），中国会计学会第五（河南谭恩河、刘建中）、六（河南张鹤喜、刘建中）、七（河南赵江涛、刘建中）届理事会理事，河南省会计学会副会长（2002年），东北财经大学财务与会计研究中心兼职研究员（2003年），河南师范大学（2012年）、河南财经政法大学（2002年）、河南工程学院（2013年）、河南工学院（2018年）等院校兼职教授，河南省高级会计师（2004年）、正高级会计师（2010年）评审委员，河南省国资委外部董事（2007年第一批），河南大学教师系列高评委委员（2001年），郑州商学院管理学系主任（2012年），郑州工商学院会计学院名誉院长（2015年），信阳学院商学院院长（2017年），河南大学民生学院商学院院长（2016年），东方银星（2003年）、莲花健康（2014年）独立董事兼审计委员会主任，项城市付集镇小学、初中（1973年）、高中（1978年）数学教师。收录入《伟大的复兴——优秀经济学家卷》（中国画报出版社2003年，河南入选周守正和刘建中两位）。全国会计资格考试河南考区评卷技术专家组组长（1992－2005年）。

河南大学党委书记卢克平、副校长许绍康以及程传兴等领导参加捐赠仪式

在专业建设方面：是河南大学会计学本科专业创办奠基人（1986年）、学科带头人；作为牵头导师，申报获批会计学（2003年）、会

计专硕（2009年）、审计学（2012年）硕士点；作为财务管理方向导师，协助申报获批企业管理（2001年）、MBA（2007年）硕士点，会计学本科国家一流专业建设点。在河南大学民生学院，作为牵头教授申报获批会计学（2003年）、财务管理（2018年）、审计学（2020年）本科专业，会计学本科省级一流专业建设点。在郑州商学院（原河南财经政法大学成功学院），作为牵头教授获批审计学（2012年）、资产评估（2013年）本科专业。在信阳学院，作为牵头教授申报获批会计学本科专业（2017年）。

近年来，刘建中教授凭借扎实的专业功底、广泛的学术影响力，为河南民办高等教育的初创、专业发展、人才培养，做出了积极独特的贡献。

历经多年的潜心教学实践与理论探索，他在会计审计理论、公司治理和会计市场监管等研究领域，大胆探索，勇于创新，勤于实践，著书立说，先后出版学术著作和本科教材18部，发表学术论文63篇，完成国家、省部和市厅级项目50多项，获省部级和市厅级科研和教学成果奖40多项，取得令学界瞩目的系列研究成果，为该专业发展积累了一笔宝贵的理论支撑、学术资源和极具实践价值的系列成果。

刘建中教授给人的印象是干练、内涵、执着、敬业。对专业，投入、专注、敬业；对生活，充满乐趣与情怀；为人，好善、乐施、宽厚、诚朴。

历经近半个世纪的教学生涯，刘建中教授对教育事业充满了热爱与钟情，无限情怀与期盼。

这种热爱，来自母校的专业教育与熏陶；

这种钟情，源于对教师职业的恪守与专注；

这种情怀，发自对学生的关爱与呵护；

这种期盼,出于对教育事业的执着与厚爱,倾注与奉献。

刘建中——

一个平凡而质朴的名字,

一个执着而温情的老师,

一个河大人的情怀,

一个"退而不休",依然牵挂学校商学专业发展,普通而平凡的"追梦人"!

2022 年 6 月 11 日于明伦校园

## 明伦之约——走近栗胜夫教授

百年河大，千年铁塔，城墙相拥，湖光塔影，人杰地灵，生生不息，文脉相传。这里，永远的一幅大学经典与回忆。

夏日，明伦校园，绿树成荫，花香蝉鸣。因疫情防控原因，学校提前进入暑假模式，质朴典雅的明伦校园显得格外宁静。2022年6月13日上午，在新闻与传播学院温馨雅致的红砖小楼内，与栗胜夫教授相约品茶畅谈。我们谈武术，谈学术，谈人生，娓娓道来，兴致盎然。谈话间，兴之所至，栗教授会即兴表演一段"少林武术吐纳功"，娴熟的手眼法，精气神，身与心，气与功，动与静，刚与柔，吐与纳，舒与缓，一招一式，浑然天成，令人眼界大开、受益良多，可谓是修身养性、赏心悦目，其乐也融融。

与栗胜夫教授相识多年，他是我心目中的好兄长，可信可亲可佩，平时，每逢见面更是自然亲切，无话不谈。在我看来，栗胜夫教授内心总是洋溢着一股火热与激情，散发一种活力与潜能。他内涵而智慧，严谨而务实，专业而执着，敏捷而稳健，豪爽而豁达，优雅而从容。文韬武略，身手不凡，尽显武术大家名家之风范。

2022年6月作者与栗胜夫教授在新闻与传播学院合影

让我们一同走近"功夫教授"栗胜夫。

栗胜夫,男,1951年生,河南舞钢市人。1977年武汉体育学院武术专业毕业,分配至河南大学体育学院(当时为体育系)工作至今。曾任河南大学体育学院副院长,河南大学少林武术学院常务副院长。现为河南大学二级教授、博士生导师、河南大学重点研究机构——武术文化研究所所长。

栗胜夫教授主要社会兼职有:中国武术九段,河南省武术协会副主席,河南省太极拳协会副主席,河南省首批武术家,武术国家级裁判。自1996年以来,连年担任国际、全国武术重大比赛总裁判长、仲裁委员会主任等工作,是全国武术界知名专家。因其工作所独具的开创性、引领性、高端性及取得的一系列理论研究武术实践成果,为河南大学、河南省、中原地区及全国武术界做出了突出贡献。2019年4月,被授予"改革开放40年河南省武术特别贡献人物"荣誉。

2019年4月19日栗胜夫在颁奖大会上

栗胜夫教授主要从事武术教学与实践、中华武术文化、中原传统文化——"少林拳"等方面的教学研究工作。在学校从事武术教学理论研究及武术实践40余载,经过长期积累探索,不断总结并形成具有自己特色的教学专业发展理念、准则与规律。他认为教学工作是教书育人最本质、最基础性的工作,无论做什么,切忌坐而论道,应积极努力,脚踏实地。他提出教学工作必须遵循三条原则:一是本领过硬,二是科研领先,三是教书育人。他率先垂范,示范引领,身体力行。几十年默默耕耘,春华秋实,桃李芬芳。他刚到河南大学任教,便成立一支武术队,刻苦训练,经常活跃在明伦校园。

1979年,在河南省第四届运动会上,他培养的学生分别获得武术全能冠军、全能季军和单项冠亚军的佳绩;1988年秋,河南大学与登封县(今登封市)政府联合举办"河南大学少林武术学院",栗胜夫担任常务副院长，学院实施严密的教学组织、规范有序的制度、科学的管理措施，在当时，为正在崛起的民办武术学校和社会武术专业人才培养做出了积极贡献。

随着学校体育专业师资队伍的积累与壮大，他深谋远虑，奔走协调，在学校大力支持下，于1993年河南大学武术本科专业正式获批招生。1997年河南大学以体育系、武术系为支点，合力组建了河南大学体育学院。2000年，专业发展取得突破性进展，武术专业在全国同类院校中率先获得硕士研究生学位授予权。

2006年，武术专业依托河南大学体育教育训练学专业增加武术教学理论与实践方向，获得博士研究生招生资格，又一次实现质的跨越。几十年来，他兢兢业业，精心谋划，不辞辛劳，为体育武术学科专业建设与发展倾注了大量心血与汗水，做出了独特的贡献。他从教几十年来，培养出近万名武术弟子遍布社会各个行业，成为高校、公安、部队、体育、地方各职能部门的优秀骨干，为国家特殊人才培养做出了积极贡献。

栗胜夫教授在完成繁忙的教学任务、承担纷繁社会活动的同时，在武术专业理论研究实践方面，潜心研究，挖掘整理，积极申报研究项目，编写专业教材，撰写专著，等。2000年，由他主持的"中国武术发展战略研究"、全国武术界第一个国家社科基金项目落户河南大学，这也是武术界科研史上的重大突破。之后，《中国武术发展战略研究》一书由人民体育出版社出版发行，在国内引起巨大反响。此后，又先后获得河南省社科规划项目、国家体育总局社科项目、河南省人民政府决策项目等14项。此外，还先后出版《中华武术演进论》（2017年，人民出版社出版）、《少林拳文化概论》（2020年，人民体育出版社出版）、《少林拳》（2011年，高等教育出版社出版）《中华武术的传承和发展》(2011年,人民体育出版社出版)、《中华武术发展论》(2009年,人民体育出版社出版)、《少林棍棒技法》(1995年,河南大学出版社出版)、《搏击抓法》(1996年,北京体育大学出版社出版)、《武术》(2001年,河南人民出版社出版)等专著教材。其中,两部专著获得河南省自然科学优秀成果一等奖,三部专著获省部级社会科学优秀成果二等奖。

2020年9月栗胜夫在练少林拳

他在体育专业核心期刊发表论文40余篇,其中A类核心期刊《体育科学》发表论文7篇,B类核心期刊25篇。科研成果先后获得省部级以上奖11项,国际武术研讨会一等奖6项,厅局级一等奖7项,成果具有明显的前瞻性、创新性、高端性,令人瞩目。另外,他还以统稿副主编、副主编、参编身份编的各类教材著作达26部。

在专业的社会活动方面,他一丝不苟,精益求精。自 1996 年以来,先后多次参加国际、全国等武术比赛大会,担任仲裁委员会主任或总裁判长,凭借其严谨精细的作风、公平公正的处事原则、博大的胸襟、崇高的威望,每次大赛都组织进行得顺利圆满,在武术界赢得广泛尊重与高度赞誉。

2018年全国武术段位制考评员培训班开幕式上

正如他所说:"无论是担任仲裁委主任工作还是总裁判长工作,一定要有使命感,更要有专业品格、武术风骨,每一个细节力求尽善尽美,不负教练员运动员们的期待。"也正如资深媒体人原廷干在《文韬武略的功夫教授》一文中描述的:栗胜夫文武双全。武,他能玩刀、枪、棍、剑、拳,样样精通,一招一式妙道生畏;文,他学识渊博,思维敏捷,著作等身,笔杆子耍得有声有色,有质量的学术论文源源不断……

几十年教书育人，几十载潜心研究，总结归纳其教学与武术研究与实践的发展历程，我们会发现，在栗胜夫教授身上，汇聚了众多个"第一"：

全国武术界唯一的二级教授；全国武术界第一个国家社科基金项目"中国武术发展战略研究"获得者；2005年，全国高等院校武术专业、全国武术界第一个高等院校校特聘教授获得者；1988年，在北京体育学院举行的全国武术国家级裁判选拔考试中获得第一名；作为专业带头人，1993年率先在全国普通高校中创立武术专业，获得本科招生资格；作为专业带头人，2000年率先在全国普通高校中获得武术专业硕士研究生学位授权单位；最早建议并将少林武术写入全国体育院校教程；最早主编中国武术段位制教材《少林拳》，大力推广弘扬少林武术等。

这些"第一"背后，凝聚着栗胜夫教授无数个默然付出，洒下的辛劳与汗水，凝聚的智慧与心血。这些"第一"，是收获，是荣誉，更是付出，是无私奉献。这些成就与荣誉，在栗胜夫教授看来，是人生的历练，是纷繁中的淡泊，风雨后的自信与从容。他认为，一路走来，并非一帆风顺，很多时候也会遇到"明枪暗箭"，最好的态度就是不予理睬，无须计较，无须争辩不休。要以武养德，以术养心，以宽阔胸怀，不浮不躁，不急功近利，不计小节，修炼一种修养，达到一种境界。武术之本在于心，武术的境界在于真，在于纯，在于净，在于善，在于美。德之高，武才能精。"武德比山重，名利草芥轻"，武德兼备方是武术之源、之本、之魂……

中华武术，博大精深，精妙绝伦，以其独特的魅力吸引世界目光；中华武术，中华文化之瑰宝，以其特有的韵味，代代传承，熠熠生辉。

即将迎来建校 110 周年的河南大学，晨光熹微，云淡风轻，祥和宁静；花正好，月正圆，情正浓。

在弘扬与传承中华武术的道路上，年逾七旬的栗胜夫教授正孜孜不倦，不懈探索……

2022 年 6 月 13 日初稿于明伦校园

2022 年 6 月 16 日、18 日再稿于明伦校园

## 明伦之约——走近刘泮峒教授

千年古都,沉香流韵;百年河大,书墨飘香。正值盛夏时节,烈日炎炎,骄阳似火,树藤绿荫,花香蝉鸣,寂静幽远。

明伦街85号,这所即将迎来建校110周年的古老学府依然是古朴而厚重,博大而深沉。一个多世纪以来,它与时代同呼吸,共命运,秉承大学之使命,传播知识与科技,培梁育才,静静守护着这方文化知识的沃土,是一所令人尊敬的大学。

在这所大学里,处处"长满"了人物与故事。

在明伦校园,时常会见到一位步履快捷、气定神闲的长者,他衣着简朴,朴实无华,充满睿智而不事张扬,他就是艺术学院退休教师——刘泮峒教授。

刘泮峒,中国美术家协会会员、河南省文史馆馆员,教授、硕士研究生导师。1945年6月出生,河南开封人,1968年毕业于河南大学艺术系,河南大学美术学院教授。兼任开封书画院艺术顾问、开封政协书画院艺术顾问、开封市老年书画研究会副会长、开封市老艺术家协会顾问、开封市书学研究会顾问等。

静音沉璧

2019年8月刘泮峒教授于辉县太行山

几十年以来,刘泮峒教授一直在高等院校从事美术教学和科研工作,主讲基础素描的基本理论和技法,对造型的基本规律有丰富的经验和独到见解,总结出了《素描百韵歌》。其花鸟画作品曾入选第1、2、3、6届"当代中国花鸟画邀请展","纪念毛主席在延安文艺座谈会上的讲话发表六十周年全国美术作品展",第1、2、3届"中国当代著名花鸟画家作品展","中国书画名家大展","首届全国青年美术书法作品展","六大古都中国画联展",第1—13届"河南省中国画艺术展",第1—13届"河南省花鸟画作品展","中国气派——与共和国共同成长的画家学术邀请展"等省内外大型美展。《雪里红》获"中国当代著名花鸟画家作品展"优秀奖,《落霞》获"河南省著名中国画家精品展"精品奖,《竹雀图》获"河南省第三届中国画作品展"优秀奖。多幅作品见诸报刊。先后举办"刘泮峒素描作品展""刘泮峒写生作品展""刘泮峒花鸟画作品展"。曾先后在深圳、郑州、开封、周口、漯河等地举办个人中国画艺术作品展。作品收入《中国当代书画家翰墨精品集》《当代花鸟画》《当代花鸟画集》《翰墨天下》《当代花鸟画大观》等画集。代表作有《晨曦》《白梅》《芭蕉麻雀》《凌霄小鸟》《落霞》《碧海一角》等。作品被郭沫若旧居博物馆、河南省博物院、李可染旧居艺术陈列馆、北京大学、河南日报社等文博单位收藏。出版有《素描》《基础素描作品选》等著作。发表论文《素描规律初探》《关于素描基础训练中"整体"问题的思考》《素描基础训练中思维问题的分析》《花鸟画创新随想》《画圣之乡多名家》《试论花鸟画形象及其构成》《用生命铸就史诗》《王威艺术散论》等。"本人小传"被《当代书画篆刻家辞典》《中国当代艺术界名人录》等辞书收录。

2022年6月20日上午，在新闻与传播学院217室，与刘泮峒先生如约相见，品茗而谈。种种渊源，与刘老师相识多年，印象中他朴素而真诚，简洁而干练，在他身上流露出一股豪爽、刚毅、爱憎分明的学者风骨与凛然之气。

2022年6月20日王文科与刘泮峒教授（五号楼）

静音沉璧

刘泮峒教授部分作品

我们谈及书画,刘老师认为,工作、生活中,朋友间,免不了世故人情,也总会有人慕名而来寻字求画。其中有对艺术的喜爱与追求,仰慕与收藏。其中,难免会夹杂许多世俗。求一幅画,给多少"润笔费",也许是"行规"。但是,他认为,真正的朋友与艺术之间,是纯粹的,应去功利化,不染金钱利益关系,更不应是一种交易。许多时候,也会有朋友求于画作,总会用金钱表示,遇到如此种种,刘老师认为:不能把作品商品化、庸俗化、低俗化。的确,刘老师一贯如此,画品亦如人品!他说,遇到这种情形,"收了是一种交易,不收是一种情谊"。决不能把艺术变成一种"交易",那是对艺术的歪曲和一种亵渎。艺术应当心灵相通,用高雅的眼光去欣赏,用纯净的心灵去融入,用淡泊的心态去描摹;要用一颗诚心、童心,去博得艺术的享受与洗礼。

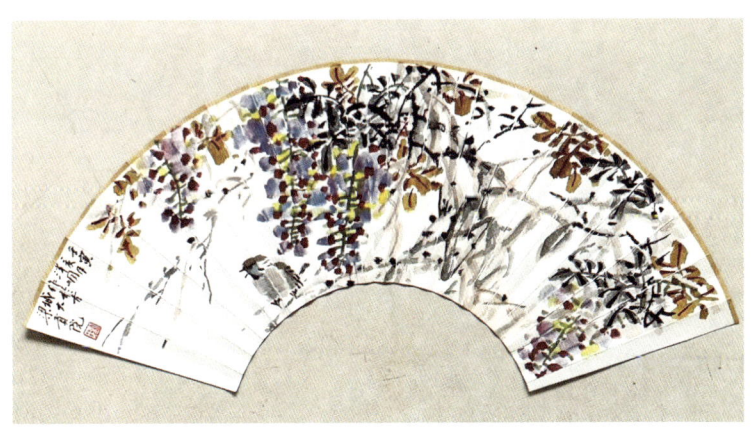

刘泮峒教授扇面作品

如今,年逾七旬的他仍坚持挥毫泼墨,笔耕不辍。

他的画,素描,入骨入微,功底雄厚;山水,构图博大,浑厚,气势磅礴；花鸟，画面灵动，画感富丽。

  几十年教学与实践，他用手中的画笔，挥毫泼墨，直抒胸臆，写意人生，记录生活中的记忆与美好。他的幅幅画作，正如他那一颗纯净淡泊如水的心，不染一丝风尘……

2022 年 6 月 20 日初稿于明伦校园

2022 年 6 月 27 日再稿于明伦校园

## 明伦之约——忆吴雪莉教授

吴雪莉先生离开我们已三个月了。原本计划采访撰写的一篇文章，如今，却变成了追忆。

时间冲淡不了记忆，过往的是岁月，留下的是思念……

她是一个慈祥仁爱的"母亲"。

2020年5月吴雪莉先生于铁塔公园

她是一个有着一段"漂洋过海"经历的传奇人物。

她是一个河大师生都熟悉的"洋面孔"。

她坚持50年，是每一个国庆节准时在家门口升起国旗的人。

一张"洋面孔"，一颗"中国心"，一世"河大情"。

她是70年默默坚守并奉献这片土地的"华籍美裔"——"功勋外教"吴雪莉教授。

2022年4月7日凌晨，96岁的她，离开了她热恋的这片热土，永远地走了……

2022年4月6日下午，我们在金明校区办公楼208会议室和文学院魏清源老师、校史馆王学春老师、学校党政办负责人等参加由孙功奇副校长召开的学校110周年校庆《继往开来扬辉光——2012－2022年的河南大学》校史工作座谈会，会议结束时，校长办公室方蒙主任说吴雪莉先生病危，当时，内心顿感一丝急促不安与牵挂。第二天早上，惊悉吴雪莉先生去世的消息，哀痛与怀念一起涌入心间……

吴雪莉，外文名 Shirley Wood（雪莉·伍德），1925年7月15日出生于美国阿肯色州，英格兰族，父亲是一位外交官。1931年9月至1941年8月她在美国度过了10年的小学、中学阶段的学习时光。1942年10月升入 E.Lansing Michigan（现密歇根州立农学院），1946年6月密歇根州立农学院植物系毕业。1946年，随丈夫中国留学生总工程师黄元波先生来华。1946年6月至1948年6月，在陕西武功国立西北农学院担任英语副教授。1948年12月至1950年10月，在上海美国德士古石油公司任打字员。1953年到开封。1957年4月应邀到开封师范学院（今河南大学）外语系工作，被聘为副教授。

1975年12月，经周恩来总理批示，吴雪莉加入中国国籍。1979年晋升教授，1993年10月获批为享受国务院政府特殊津贴专家，1998年成为河南大学外语系英语语言文学专业博士生导师。2020年8月退休。她在河大从教65载，培养了3000余名本科生、300余名硕士生和2名博士生，先后开设"英美文学批评""英美文学""英文写作及阅读技巧"等课程。致力于教学科研和中美文化交流工作，先后出版了《中国的一条街》(英文小说)、《实用英语语音教程》、《英美文学批评史话》、《美国的农业及其农业教育》等学术专著；发表了《中国学生与阅读技巧》《提高研究生教学质量，培养高层次英语人才》《尤金·奥尼尔戏剧研究论文集》等论文；为伦敦出版社出版的《中国大百科全书》翻译了45万字文字资料；翻译了《陈云文选》初稿等。

她曾被《人民日报》誉为"中西方文化交流的红娘"。

被国家外国专家局授予"十大功勋外教"称号。

被评为"河南省优秀教育工作者"。

被授予河南省"感动中原"年度人物等荣誉称号。

我与吴雪莉老师的初见是20世纪80年代,记得那是一个教师节前夕,专程拜访吴老师。当时,她住在明伦校园内小礼堂西侧,那里,有一座富有年代感的红砖水塔,水塔下面,一片竹林环抱,绿树成荫,几间平房小院,虽简陋但却安静幽然。我们寒暄之后,吴老师用巧克力招待我们,她留给我的印象是热情、开朗、慈爱、风趣、幽默。她会讲地道的"开封方言",并幽默地说自己是"华籍(滑稽)美人"。这片竹篱小院,青藤萦绕的木窗,入夜,平房内闪烁的灯光,曾点燃照亮了无数学子们心中的外国语言和文学的"梦想",后来,这里也成为她最喜欢和留恋的地方……

吴雪莉先生于涧水河畔

最后一次见到吴老师是在 2020 年的一天，在明伦校区外语楼前，偶遇吴雪莉老师，她坐在轮椅上，由高继海、关合凤老师等陪伴，我们只是相互点头示意问好。从吴老师那蓝色深邃的目光中，可以感觉到她心中蕴含的激情与洋溢在脸上那过往的故事，对生活的美好与向往。

时光如泄，恍如昨日，一切都成为过往。
那个每年在家门升起国旗的老太太走了。怀念她！
——《光明日报》驻河南记者站站长、高级记者王胜昔

汴梁耕耘七十春，华籍美人中国心。
乡音儿化呈宋韵，金发结缘黄河亲。
桃李不言下成蹊，交流东西通古今。
学科一流新气象，碧眼望见又一新。
——河南大学党委书记卢克平教授

她，守护着一面五星红旗；
她，是中西文化交流的使者。
功勋外教吴雪莉。
一段旷世情缘，满腔赤子之心；
虽是金发碧眼，却怀华夏之情！
——摘自《我是外院人》

吴先生的小院虽已不在，但我每每走过，仍然下意识地驻足不前，甚至流连忘返，想象中先生依然站在半开的门边，两边开满了美艳的鸢尾兰。她笑盈盈地看着我，蓝莹莹的眼中满是热情和关切，那

吴雪莉先生获共和国成就奖

一夜的灯光依然明亮，像天地之间闪烁的繁星！
——摘自河大外语学院院长杨朝军教授《小院灯光》

这一生，您决定来中国，对了！
这辈子，您选择当教师，值了！
——吴雪莉第一个博士生关合凤教授

过去的时光，在明伦校区，师生们时常能见到步履匆匆、满面春风、慈眉善目吴雪莉老师那熟悉的身影、和蔼的笑容。

课堂上，吴老师风趣幽默，循循善诱，引人入胜……

生活中的吴老师爱憎分明，喜形于色，从不隐藏自己的观点。

在教坛，吴老师笔耕不辍，辛勤耕耘几十载，如痴如醉，诲人不倦……

此情可待成追忆，朝朝暮暮为过往。这些都已化为昔日美好的记忆……

缤纷四月，在这个郁金香盛开的季节，吴雪莉老师离开了我们。这花开，也许是对她最好的怀念；这花香，也许就是她留给人间最美的芬芳……

2022年4月7日初稿
2022年4月9日再稿于明伦校园
2022年4—7月补充修改

## 明伦之约——记忆中李润田老校长"两件小事"

明伦街 85 号,洒满故事的明伦校园,永远是一片记忆的海洋……

1981 年 9 月份,我与同年级中文系 200 名同学来到河南大学(当时为河南师范大学)的明伦校区报到。我们刚入校时校长为李林,后调任河南省科学院。1982 年 2 月,李润田接任校长。1984 年 5 月,学校恢复河南大学校名。毕业后我留在了学校校长办公室做文秘工作。李润田先生从 1982 年 2 月至 1991 年 8 月先后担任校长近十年,其间,我也一直在学校办公室工作,因此,与李润田校长有了比较密切的工作接触与交往。其间,很多事情已经淡忘,记忆中有亲历的两件"小事"至今历历在目,萦绕于心,也时时为之感动。

### 之一,戴草帽的"老头儿"

我工作后,临时住在明伦校区内三号楼(已拆除,现为国际汉学院所在地)。记得是夏天的一个周末,李润田校长手拿一顶草帽,身着白色短袖衫,脚上穿着一双平底布鞋,来到我的住所,亲切地对我说:"小王啊,陪我咱们一起到学生宿舍走走。"我们便一同走进学生宿舍,当时一个寝室住七八位同学,李校长与同学们围坐在四斗桌边,从专业学习到业余爱好,从家乡到食堂伙食,同学们无拘无束,笑语声喧,其乐融融。在明伦校区,这个戴草帽的"老头儿"时常会出现在学生宿舍、教室、图书馆、青年教师单身宿舍楼、食堂、澡堂,出现在校园的角角落落,成为师生们熟悉的身影……

1991年5月作者在明伦校区南大门与李润田校长合影

### 之二,"两个西瓜"的故事

20世纪80年代,学校办公楼是一幢简易的四层小楼。记得那是一天下午,李润田校长到一楼办公室找到我,递给我二十元现金和两名地理系校友联系方式,要我想办法尽快把这现金电汇转至校友手中。原来事情是这样的：前一天，已经从学校毕业的两位地理系校友前来看望老师，当时李校长在外忙于公务未能晤面。两位校友到李校长家中探望，买来两个大西瓜送到李校长家中以向恩师表示敬意，老伴身体不好，无力劝说，只好让他们留下姓名纸条。晚上，李校长回家后听老伴叙说后才明白此事缘由，"西瓜无法退回，按市场价把钱退给校友"。

两个西瓜的真实故事萦绕我心中几十年。一位大学校长，两个西瓜，两位校友，二十元现金，无论如何不能挣脱的一段思绪、回忆、平凡与感动……

春风大雅能容物，秋水文章不染尘。在师生们心目中，李润田老校长是一位严谨、敬业、勤勉、谦和、朴素、亲和的学者，一位植兰种蕙、恩泽广施的智者，一位淡泊名利、平易近人的长者。

衷心祝愿九十七岁高龄的李润田校长——福海朗照千秋月，寿域光涵万里天。春秋不老，松鹤常青，健康长寿！

祝愿我们的母校，

猗欤吾校永无疆！！

附李润田教授简介：

李润田（1925— ）男，汉族，辽宁新民人，中共党员。1948年入东北大学教育系学习，1953年7月毕业于东北师范大学地理系，分配至河南大学任教。历任助教、讲师，经济地理教研室主任，地理系副主任、系党总支副书记。1979年12月任副校长，副教授，教授。1982年2月任河南大学校长。1983年当选为第六届全国人民代表大会代表。1984年8月被选为中共河南省委委员。1988年1

李润田

月当选为河南省政协常委、副主席,省政协党组成员;同年,又被任命为河南省人民政府教育咨询组成员。

主编出版主要著作有《嵖岈山人民公社地理》、《中国城市通览》、《河南省人口、资源、环境丛书》(获"五个一工程奖")等。

主要社会兼职有中国古都学会副理事长、全国经济地理研究会副理事长、中国地理学会理事、中国高等教育学会理事、《经济地理》杂志编委、河南省农业区划委员会顾问、河南省经济地理研究所顾问、河南省地理学会理事长、河南省教授协会副会长、河南省科协名誉主席等社会学术团体职务。2009年荣膺国内地理学界最高荣誉:"中国地理科学成就奖。"

孙九林院士和河南大学原校长李润田教授

2022 年 3 月 27 日于明伦校园

2022 年 4 月 20-24 日再稿

## 明伦记忆——河南大学名人名家系列之王国权

2022年9月25日，即将迎来河大110年华诞。在延续千年的中国科举制度终结地河南贡院旧址上，伴随辛亥革命的新曙光，自1912年河南留学欧美预备学校创办，首任校长林伯襄提出"以教育致国家于富强，以科学开启民智"的教育理念，开启了近代高等教育之先河。学校历经中州大学、国立开封中山大学、省立河南大学，至1942年改为国立河南大学，1952年院系调整后，又历经开封师范学院、河南师范大学，1984年5月恢复河南大学校名。2008年10月，学校进入省部共建时期，2017年9月入选首批国家"双一流"建设高校，2022年3月再次入选国家"双一流"建设高校。

回眸河大110年，开教育之先河，育社会之栋梁。它植根中原沃土，伴黄河涛声，与时代同呼吸，与民族共命运。风雨征程，生生不息，代代学人，筚路蓝缕，薪火相传，艰难困苦，玉汝于成。以《大学》开篇"明德新民，止于至善"为校训，办学过程中形成了"团结、勤奋、严谨、朴实"的优良校风。1940年，在抗战的烽火中唱响了"嵩岳苍苍，河水泱泱，中原文化悠且长。济济多士，风雨一堂，继往开来扬辉光。猗欤吾校永无疆"的雄壮激昂的校歌。并凝聚成河大人"百折不挠，自强不息"的"河大精神"。新时代，新高地，新使命，新贡献。"双一流"，"双航母"，再扬帆，再远航！

2002年9月25日，王国权于明伦校区大礼堂参加建校90周年校庆场景

河南大学在一个多世纪的办学发展历程中，名人辈出，群星璀璨，他们的名字与业绩将彪炳史册。他们是千千万万河大师生校友的杰出代表，他们的学术精神与品格必将激励千万学子，承担起教书育人之使命，科学研究，服务社会之担当，赓续教育发展之伟业，传承人类文明之神圣。为学术，为育才，为社会，为未来，为人类，去努力，去开拓，去奋进，去创造！

让我们铭记他们的名字。

祝愿：

一百一十年后的河南大学，

猗欤吾校永无疆！！

今天，让我们走近河南大学著名校友——王国权。

王国权（1911－2004年），著名校友，著名社会活动家，新中国杰出外交家。原名康午生，字厚庵，河南巩义市人。1930年考入河南大学，就读理工系、社会学系。1930年参加革命，曾在开封创办大陆书店，出版《今日杂志》。1932年参加"左翼作家联盟"和反帝大同盟，开始研究马克思主义，接受中国共产主义。因从事革命活动，遭到国民党当局的迫害追捕。为躲避反动当局抓捕，1934年流亡日本，在东京以读书留学为掩护继续从事革命活动。1935年在日本参加中国共产党，创办世界名著编译社。1936年回国到延安抗大学习，此时，更名为王国权。1937年开始在晋察冀开展八年的抗战工作，同年12月任晋察冀一分区地委副书记，书记兼军分区政委。1945年任中共热河省委委员、组织部长、省委副书记、民运部长，兼任中共承德市委书记。任热东地委书记，兼热东地区军分区司令。参加过黄土岭、辽沈、锦州等战役。辽沈战役结束后，任中共辽西省委副书记兼辽西省军区副政委。同年6月调回热河省工作，先后担任中共热河省委副书记、第一书记兼省军区政委。

1956年奉调外交战线工作。

1957年任驻前德意志民主共和国特命全权大使。1964年转任驻波兰特命全权大使。其间，曾作为中方首席代表参加华沙中美大使级会谈，会见美国国务卿基辛格，为中美建交做出了贡献。

1970年出任中国对外友好协会会长兼中日友协副会长。

1971年作为周恩来总理特使赴日本参加了著名政治家松村谦三的葬礼。并遵照周恩来总理指示展开一系列"人民外交"活动。对打破中美、中日关系僵局，实现中美、中日邦交正常化做出了重要贡献。

1972 年担任澳大利亚和意大利特命全权大使。

1978 年以后调任国家民政部常务副部长、党组副书记、顾问。

1983 年任全国人大常委会民族委员会常务副主任、外事委员会常务副主任。曾率全国人大代表团出访东欧四国。

他曾列席中共中央进北京后的第一次中央全会,出席 1949 年全国人民政治协商会议第一届全体会议。是中国共产党的十二大代表、主席团成员,党的十三大、十四大特邀代表。第一至三届全国人大代表。

他自幼喜爱书法,扎实的功底,又经过血与火的历练,形成了浑厚博大的独特书风。从领导岗位退休后,担任中国书画函授大学校长,为弘扬祖国的书画艺术,继续奉献力量,是一位德高望重的书画艺术教育家。

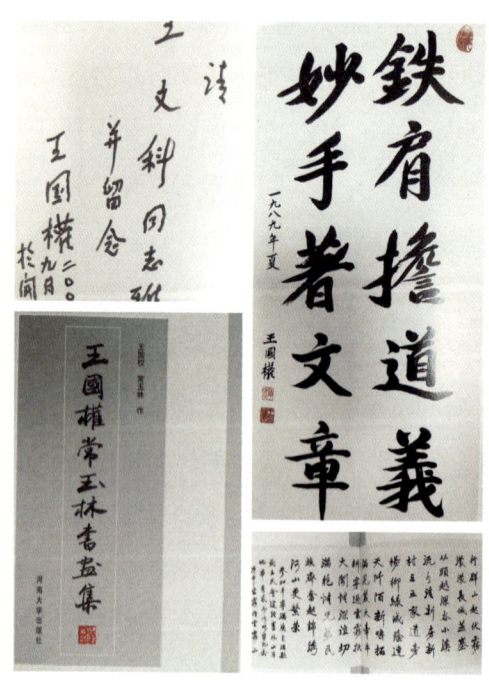

王国权先生书法作品

他 2004 年 9 月 15 日在北京逝世，享年 93 岁。

参阅资料：《王国权常玉林书画集》（河南大学出版社，2000 年版）。

2022 年 5 月 5 日立夏于明伦校园

作者作品《2002年9月25日王国权到杞县大同中学访问》

# 明伦记忆——河南大学名人名家系列之周而复

今天让我们一同走近著名作家——周而复。

周而复（1914—2004年），现代著名作家、书法家。原名周祖式，曾用笔名吴疑、荀寰。1914年1月3日生于南京。父亲周兆山喜写旧体诗词、散文。周而复童年随父亲学习古典文学与书法并在私塾读书。13岁上中学后，接触了鲁迅、郭沫若、茅盾以及英、法和北欧的一些文学作品，开始在报刊上发表短文、小诗等文学作品。

1932年慕名考入河南大学中文系。来到古都开封，年轻学子的心中充满憧憬，他晚年回忆说："我有幸考入河南大学学习，可以在这座古代名城安安静静读书，研究中国古典文学，为祖国文艺事业略尽绵力，是我的愿望和志趣。"后来，他又到上海求学，其间参加了左翼文艺活动和中国文艺界抗敌协会，参与编辑《文学丛报》《收获》等文学刊物，他对古典文学的兴趣转到了文学创作上，以笔作武器积极投身抗日救亡运动。1936年6月，他出版了第一本诗集——《夜行集》。作者以"初生牛犊不怕虎"的气魄，揭露社会的黑暗，抨击国民党的不抵抗政策，表现了中国人民反对侵略、反抗黑暗统治的不可

二 | 人物篇

周而复

抗拒的力量和大无畏精神。正如郭沫若序中所言：《夜行集》"是在重重的压迫之下压得快要断气的呼声"，"这儿也活出了一张忧郁而悲愤的时代相"。初涉文坛，年轻的诗人就有不俗的表现。他起点很高，他目光关注的是时代的风云变幻；他的大手笔，描画的是"时代相"。就在《夜行集》出版的第二年，抗日战争全面爆发，周而复大学毕业即奔赴延安，担任陕甘宁边区文化协会顾问委员会主任，以更大的热情战斗在抗日斗争第一线，创作了大量反映抗日战争、赞颂抗日军民的优秀作品。抗日战争胜利后，在内战全面爆发的前夜，周而复以《新华日报》和新华社特派员的身份，曾赴东北、华北、华东和中南等地采访，并随同周恩来、马歇尔、张治中三人小组赴各地巡视工作和会谈。其间，写了不少通讯报道，揭露国民党反动派的内战阴谋。这些作品后来结集出版，取名《东北横断面》《松花江上的风云》。这是在国民党反动派大举进犯解放区之前，作者巡回东北各地的纪实。

往昔与现实，野蛮与民主，黑暗与光明，痛苦与欢乐，在作者的笔下得到了真实的反映，相当清晰地表现出了那个时代的社会面貌。

新中国成立后，周而复历任中共中央华东局统战部秘书长，上海市委统战部副部长、宣传部副部长，上海市政协党组书记，中国作家协会理事，中国作家协会上海分会副主席。1959年秋，他自沪至京，担任中央对外文化联络委员会党组成员、中国人民对外文化友好协会副会长等职。他还是全国政协第五、六、七届委员，副秘书长，文史资料委员会副主任，文化部副部长。他曾多次出席国际会议，率领中国政府代表团与友好代表团出国访问，先后到过印度、缅甸、印度尼西亚、阿根廷、巴西、乌拉圭、智利、捷克、苏联、瑞士、日本、墨西哥、古巴等国，为中国和世界各国人民之间的友谊和文化交流做了大量工作。

周而复在文坛耕耘70多个春秋，至耄耋高龄，仍笔耕不辍。迄今已发表、出版小说、散文、诗歌、戏剧、报告文学、杂文和文艺评论等，约一千万字。他的主要作品有多种外文译本。《白求恩大夫》被摄制成电影；《上海的早晨》（一、二卷）一问世便好评如潮，被国外同行称作是"史诗"，是"可以同苏联的《静静的顿河》、法国的《蒂波的一家》相媲美的中国历史小说"。中央人民广播电台向全国广播，后来又被改编成电视连续剧。《长城万里图》也被认为是一部描绘和再现中国人民伟大民族解放战争的史诗，可以与托尔斯泰的《战争与和平》相媲美，因此获中共中央宣传部"五个一工程"文学奖。晚年的诗歌力作长篇叙事诗《伟人周恩来》，以史诗的形式为周恩来书写了一部伟人传记。评论界认为："是当代诗歌中罕见的鸿篇巨制……展现了中国波澜壮阔的革命历史画卷。""中国产生了荷马式的史诗。""这部作品可以说是中国文学史上的划时代之作。"

二 | 人物篇

周而复先生与作者王文科合影（2002年9月25日）

2022 年 8 月 2 日晚

静音沉璧

# 明伦记忆——河南大学名人名家系列之赵九章

今天让我们一同走近著名校友——赵九章。

赵九章（1907－1968年），中国科学院学部委员，著名的大气科学家、地球物理学家和空间物理学家。祖籍浙江吴兴县（今湖州市），1907年10月15日出生在河南开封。

1921年以第一名的优异成绩，考入河南留学欧美预备学校。

1926年毕业，19岁时父母相继去世，只能靠亲友接济维持生活。后来与吴岫霞女士结婚，并在她的支持下，考入清华大学物理

赵九章

系。在名师叶企孙、吴有顺、赵忠尧等教授的指导下，埋头读书，打下了扎实的基础。

1935年赴德国柏林大学攻读气象学，1938年获得博士学位后毅然归国。

1939年，西方气象和海洋学家曾提出了现代天气学、动力气象

和海洋学基础性的行星波理论。赵九章则通过多年的研究提出"长波斜压不稳定"理论，成为现代天气预报的理论基础之一，引起国际气象学界的高度重视。

1944年5月，赵九章出任中央研究院气象研究所的代理所长、研究员，"率先将数学和物理引入气象学，开展信风带主流间的热力学研究，开创了中国动力气象学的先河"。

新中国成立前夕，中央研究院气象研究所奉命迁往中国台湾，赵九章冒着危险，顶住压力，通过各种办法将科学家和设备保留下来。新中国成立后，他倡议和组织起中国科学院地球物理研究所，从气象科学到海洋物理和空间科学，赵九章的目光始终瞄准世界的前沿。

20世纪50年代，计算机技术的进步使天气预报从经验分析到模式定量运算成为可能，即从运用计算机解析大气动力学的流体力学方向出发，开展数值预报。赵九章敏锐地意识到计算机科学对气象革命的作用，在中国尚没有计算机的条件下，他倡导、支持和组织年轻学者开展手算图解法解微方程，进而促进了中国的数值预报事业迅速成长，为中国后来正式发布数值预报工作奠定了基础。

中国有漫长的海岸线，然而，旧中国的海浪研究和海浪观测研究却都是空白。20世纪50年代初，赵九章在中国科学院地球物理研究所成立了海浪研究组，系统地开展海浪及波谱的研究工作，并独立自主地研制观测设备和系列分析仪器，为把握中国海域的波浪特征、开发海洋、保卫祖国做出了突出贡献。

1957年10月4日，苏联发射了世界上第一颗人造卫星，这把赵九章迷住了，他说：我们必须发展自己的卫星、自己的探测手段和资料，虽然外国已发射多个卫星，但不是中国的，重要的资料一定是保密的，这又是对空间科学的研究不可缺少的。中国只有拥有自己的卫星，才能真正进入空间科学的最前沿。

郑州校区九章学堂

1959年其子考大学前，他说起地球物理学的重要性时讲道："物理、化学、生物都是一些古老的学科，今后科学的新生长点正是那些边缘科学。"当时生物化学很少有同学愿意报考，可是他说："20年后生物物理、生物化学将是世界最前沿的学科。"如今生物化学、分子生物、遗传工程等科学迅速发展，正是验证了他当时的预言。

"文化大革命"中赵九章惨遭林彪、"四人帮"迫害，被扣上"反动学术权威"等罪名。于是，他无权过问有关人造卫星的任何事情。

1968年初，在劳动改造时，60多岁的老人还常受到令人发指的迫害，批斗大会上，他被打得遍体鳞伤，房间里贴满了"大字报"。中国杰出的航天材料专家姚桐斌所长被迫害致死的噩耗更令他气愤无比。加之其他原因,他于 1968 年 10 月 10 日深夜含冤去世。

1978 年,赵九章得以平反昭雪,恢复名誉;赵九章铜像在中国科学院空间中心落成。

21 世纪初,在首都科技界举行的纪念大会上,国际小行星中心和国际小行星命名委员会批准将中国科学家发现、国际编号为 7811 号的小行星命名为"赵九章星",并于会上向赵九章先生的亲属颁发了命名证书和照片。此外,国际空间研究委员会与中国科学院联合设立了"赵九章科学奖",成为首个以中国科学家命名的国际科学大奖。

如今,为了纪念这位杰出校友,河南大学郑州校区建有九章学堂。"九章精神"将激励代代学子勤奋钻研、奋发图强。

2022 年 8 月 2 日晚初稿

## 明伦记忆——河南大学名人名家系列之冯友兰

他是当代大哲学家，世纪哲人。

他提出了著名的"自然境界，功利境界，道德境界，天地境界"，"人生四境界"。

他把张载的"为天地立心，为生民立命，为往圣继绝学，为万世开太平"概括为"横渠四句"。

他留下了许多脍炙人口的学术、人生的至理名言。例如，人生有三件事：立言，立功，立德。立言靠天赋，立功靠机缘，立德靠一生看似平淡的坚持。（冯友兰《冯友兰读书与做人》）

哲学与科学的区别在于前者求好，而后者求真。（蔡仲德《冯友兰先生年谱初编》）

学哲学的目的，是使人作为人能够成为人，而不是成为某种人。（冯友兰《中国哲学简史》）

今天，让我们一起走近世纪哲人——冯友兰。

河南南阳，伏牛山脉，山清水秀，人杰地灵。

二 | 人物篇

河南大学郑州校区友兰学堂

河南大学郑州校区冯友兰雕像

冯友兰（1895－1990年），字芝生，1895年12月4日（农历十月十八日）出生在南阳唐河县祁仪镇，祖籍山西高平县（今高平市）。中国科学院哲学社会科学部学部委员，我国著名哲学家、哲学史家、教育家。

冯友兰

冯友兰生于书香之家，生幼聪颖，6岁时始入家塾读书，熟读"四书"和《诗经》。1908年，刚出任知县一年的父亲因病去世，13岁的他随母亲吴清芝回到唐河故里。之后，母亲成为对他影响最大的人，他称颂母亲："惟吾母之懿质，集诸德之大成。"

1911年初，他以优异成绩考入省会开封中州公学。1912年考入上海的中国公学预科。

1915年夏，他考入北京大学。1918年毕业于北京大学哲学门（当时学系称为门）。

1918年6月，北大毕业后，他回到开封，在河南留学欧美预备学校（河南大学前身）任教。他工作一年后，其间正值"五四"运动爆发，他与嵇文甫等人一起创办了《心声》杂志，与北京的"五四运动"相呼应，宣传新文化，传播进步思想。

1919年冬天，他为了从哲学上寻找中西文化冲突的根源，赴美留学。1920年初进入哥伦比亚大学做研究生，1923年获哲学博士学位，同年夏季回国到河南中州大学工作（河南大学前身），担任中州大学教授兼哲学系主任、文科主任、校评议会成员、图书馆委员会委员等职务，是河南大学哲学系的创始人之一。

1928年夏，他应清华大学校长罗家伦之邀，到清华大学任哲学系教授兼任校秘书长。

1937年7月，北平沦陷；9月，清华大学奉命南迁，至湖南长沙与当时南迁的北京大学、南开大学组建为长沙临时大学。不久，学校再次迁往昆明，易名为"西南联合大学"。他任文学院院长。一方面坚持学术研究，一方面用哲学的武器积极参加抗战。

历经十四年，抗日战争胜利。1946年5月，他随西南联大重回北平。

1949年伴随着新中国成立，他积极投身土地革命和新中国建设热潮，有过一段人生辉煌。至20世纪60年代末，在那个特殊年代，他度过了一段坎坷艰难的人生历程。

冯友兰先生在任中州大学文科主任期间，以世界的眼光，非凡的气度，博大的情怀，立志于"办个像样的现代大学"，他提出"三合一"的办学构想，即像样的大学应该有像样的本科、像样的研究部和像样的编辑部。在他的主持下，当时的文史、哲学和英文三个系科兼容并举，优势互补，得到长足发展。他十分注重延揽学术名家，瞄准国际前沿，注重学术研究，广揽人才。其间，引进了一批专家教授，如郭绍虞、嵇文甫、董作宾、李燕亭等。1924年增设教育系，学科设置布局更趋合理。在教学上，他授课内容深邃，自然流畅，广征博引，贯通古今，联结中外，见解独到，受到同学们的喜爱；他还亲自指导学生如何进行英译汉的翻译练习，以培养锻炼学生学习外语的兴趣；他大力倡导并积极开展各类学术活动，专门为《心声》复刊撰文；他还兼任中州大学文艺研究会的名誉会长，为研究会办的刊物《文艺》撰写发刊词，并发表关于哲学史方面的学术论文。他深谋远虑，倾心并致力于文科体系改革，奠定了河南大学百年来文史学科深厚的底蕴和优势地位。他广揽人才、传道授业解惑的办学理念和卓越成就，终将成为河南大学办学发展史上留下的优秀办学传统与宝贵财富。

冯友兰先生离开河南后始终心系河南大学，1945年，他专程来到在南阳荆紫关流亡办学的河南大学讲授"中国哲学的特点"，历时半个月，报告会场场爆满，座无虚席，深受广大师生欢迎。在那个艰难困苦的年代，为学校吹来一股"友兰风"，成为河南大学历史上一段珍贵的记忆，历史，也将永远铭记这位世纪哲人。

冯友兰先生是中国现代史上杰出的思想家、哲学家，是在中国学术史、中国思想史、中国哲学史等领域做出重要贡献的伟大学者。是近代以来，率先建立中国自身学术体系的少数几个哲学家之一，他在中国哲学史方面的研究，形成了富有思辨性的独特思想体系。其主要代表作有《中国哲学史》(两卷本)、"贞元六书"(《新理学》《新事论》《新世训》《新原人》《新原道》《新知言》)、《中国哲学简史》。尤其是《中国哲学史新编》(七卷本)，是冯友兰先生继两卷本《中国哲学史》《中国哲学简史》以后的第三部中国哲学史专著，也是他一生学术创作最后的里程碑，是新中国成立之后近半个世纪着力完成的一部最完整最系统最全面的学术专著。

冯友兰先生一生追求真理，饱含爱国热情，饱经时代沧桑，倾注毕生精力，终生为之奋斗的目标，即自我期许的"旧邦新命"在中华大地变为现实，无不体现着这位哲学家对民族前途和民族文化、民族未来所注入的生命与心血。正如他1982年重访哥伦比亚大学时诗中所写：一别贞江六十春，问江可认再来人？智山慧海传真火，愿随前薪作后薪。充分表达了他献身中国文化的崇高愿望！

如今，为了纪念这位哲学大师，河南大学在郑州校区建有友兰学堂，以弘扬"友兰精神"，激励后学。

2022年12月4日初稿

## 明伦记忆——河南大学名人名家系列之王立群

"走过的已成身后,
美好的就在前方,
出发的人正在路上。
路上的人,
注定也会成为一道风景。"

这是他在《2022中国诗词大会》第十场"出发"的开场词,妙语一出,顿时掌声雷动。

"这是一所由沧桑岁月雕刻过的学校,这是一所由浓郁书香氤氲着的学校。有人说她像大家闺秀,独自美丽,惊艳了岁月;有人说她像参天大树,开枝散叶,温柔了时光。这是一所由岁月书香浸润出来的大学。她有百年的风,四季的花,晶莹的雪,皎洁的月……她就是坐落在八朝古都开封的河南大学。"

这是他在学校招生宣传专题片(由郭灿金执笔)中对河南大学饱含深情的演绎与表白。

王立群先生在中国诗词大会上

他从古城步入河南大学求学、工作,从河南大学登上央视"百家讲坛",成为大众"最喜爱最儒雅最学术"的《百家讲坛》明星主讲人、著名文化学者。半个多世纪以来,他与这座城、这所大学相依相伴、心心相印,结下了不解之缘。

央视《百家讲坛》"全家福"(图中第二排左五为王立群先生)

他是一个备受读者、网友和大众关注,响亮而又普通的名字——王立群。

今天,让我们一起走近著名文化学者——河南大学教授王立群先生。

王立群1982年研究生毕业时大礼堂前留影(第三排右七为王立群先生)

王立群(1945— ),男,汉族,安徽省六安市霍山县人,祖籍山东省泰安市,著名文化学者。现为河南大学文学院教授、博士生导师,享受国务院政府特殊津贴的专家,教育部高等学校教学名师,河南省省管专家,河南省文史馆馆员,河南省教学名师。2019年9月,当选新中国成立70周年"河南省突出贡献教育人物"。曾荣获开封市首届文化奖章等一系列殊荣。

1965年8月,王立群高中毕业后到开封市空分设备厂子弟学校任教。先后教过小学、中学、高中。

1978年，国家恢复招收研究生，王立群当即决心考研，并决定就近报考河南大学中文系中国古代文学专业。

1979年，时年34岁的他，克服重重困难，用顽强的毅力，以同等学力考入河南大学（时为开封师范学院）中文系中国古代文学专业，攻读硕士学位。

1982年，王立群研究生毕业留校。留校任教后，激发起他对古代文学狂热的是《史记》，他在河南大学开设的第一门课是中国古代文学，讲授汉魏六朝文学中的《史记》，之后的24年，他由讲师成长为教授、博士生导师，但《史记》始终是他最喜爱讲授的典籍。

2005年年底，央视《百家讲坛》到河南大学海选主讲人时，他凭着对"项羽"的独到解读成功登上央视"百家讲坛"。

继《汉代风云人物》之"项羽、吕后系列"获得成功好评之后，从2006年6月开始，王立群开始为《百家讲坛》录制一部规模更为庞大的节目——《王立群读史记》。这部系列节目播出时间要远超"项羽、吕后系列"，从2007年1月6日开始，每周六、周日播出，贯穿2007年全年。该节目从汉武帝开始，讲述西汉中叶的人物群像。

他以史料为基础，以辩证历史唯物主义为理论指导，用现代视角来解读历史人物，用现代视角为观众描绘出了具有旷世才能而又狂妄自大的项羽、凶残暴虐而又具有政治家风度的吕后、好大喜功的汉武帝、刁蛮任性的陈阿娇、褒贬不一的秦始皇等一个个鲜明的形象。被观众誉为"百家讲坛最佳学术主讲人"，是十年来连续在《百家讲坛》担任主讲人的学者、特邀主讲嘉宾。

继《百家讲坛》之后，2013年又担任"CCTV青年歌手大奖赛"评委。2015年参加安徽卫视《中华百家姓》节目，与钱文忠、蒋方舟共同担任分享嘉宾。并担任"中国诗词大会"第一至七季点评嘉宾。

王立群先生在中国诗词大会上

央视一套"古韵新声七夕晚会"剧照

在研究领域，王立群先生主攻两汉魏晋南北朝文学研究，兼任中国《史记》研究会顾问，曾任中国《文选》学研究会副会长、中国山水文学研究会常务理事。曾荣获河南省和国家高校教学名师奖、河南省十大师德标兵和十大教育年度人物称号。曾担任河南省政协第十届委员会委员，第十一届委员会委员、常委。

先后出版《现代〈文选〉学史》（中国社会科学出版社）、《〈文选〉成书研究》（商务印书馆）、《中国古代山水游记研究（修订本）》（中国社会科学出版社）等代表性著作。2014年，顺利获批国家社科基金重大项目《〈文选〉汇校汇注》，任首席专家。先后在《文学评论》《文学遗产》《人民日报》《光明日报》等国内权威报刊上发表学术论文50余篇……取得了一系列丰厚的学术与研究成果。

近年来，王立群先生还致力于中国传统文化传播与史学研究，在录制完成《平"语"近人——习近平总书记用典》节目后，从理论与学术视觉撰写的学术论文《典故的意义》在《人民日报》（海外版）整版刊发，并被《新华文摘》（2019年第3期）全文转载。2022年1月，由《光明日报》主办的《中华读书报》通栏头版头条全文刊载的《不断推进史学的大众化》是王立群先生在史学研究方面的又一篇力作。

近年来，他为弘扬传播中华优秀传统文化，躬笔深耕，文与史融合，独辟蹊径，著述建言，积极奉献！

如今，年逾七旬的王立群先生，身体健朗，茶书相伴，简而有序，不知疲倦，笔耕不辍；以博大的情怀，热心并投身于社会公益事业。从2006年1月首登CCTV《百家讲坛》，至2022年春季《中国诗词大会》第七季，16年来，王立群先生以宏大的视野、高端的平台，全方位"出镜"。

他心系母校，连年为学校招生宣传及重要学术、学生品牌活动代言，为学校教学、研究、人才培养出力添彩。古朴庄严的大礼堂曾留下王立群先生一场场精彩的报告会。还记得大礼堂前广场，74岁的王立群先生在2019级研究生开学典礼上，激情澎湃，热情洋溢，掷地有声，作为导师代表谆谆嘱咐并希望同学们："人生需要平台，平台造就人生。人是有惰性的，很多的时候，我们缺乏必要的持久的自律。我们太容易原谅自己。每个人真正的对手是自己。要有所成就，取得成功，必须有严格持久的付出与努力，持久的自律加上专注……"殷切的话语荡涤着每一位学子的心灵，成为开启研究生学习生活的"宝典"。

学校建校100周年庆典上，他作为教师代表为母校百岁生日祝福献言；开学与毕业典礼，重大庆典，一次次的演讲、专题报告会，句句话语皆成经典，成为激励学子们砥砺前行的人生箴言。一直以来，他倾情并专注于母校河南大学的建设与发展。同时，为宣传开封，在央视《百家讲坛》专题讲述《宋太祖》《宋太宗》，在《新华社每日电讯》撰文《亦新亦旧话开封》。

他还担任2008年北京奥运会开封火炬传递首棒火炬手。千年大宋，百年学府，文脉相传，与一个大家熟知的名字——王立群，终将注定要紧密联系在一起，成为一种文化符号，时代表征。

在王立群先生心目中："河南大学是一所有着自己个性的大学，是一个可以放飞自己、绽放自信的青春舞台。大学之大，在于大师，在于文化，在于底蕴。这就是河南大学，一所百年大学。你可以不选择她，但是，你没有理由不欣赏她。"——录自王立群为新生入学通知书撰文《一座小城，一所大学》。王立群先生心系河大，时刻惦记母校，从2010年开始曾先后数次为河南大学录制招生宣传专题片，如《王立群带你品河大》央视播出后，浏览量达 50 万。他专注并倾情倾心为学校代言，在招生宣传、重大活动庆典等方面，成为宣传学校的亮点热点特色与品牌，为河南大学注入一股独特的"学者之风"。

在电视观众及网友心目中，王立群先生总是温文尔雅，娓娓道来，文思泉涌，妙语连珠。"过错是暂时的遗憾，错过是永生的遗憾。""命运就像掌纹，虽然曲折，但是却可以自己掌握。"……

一个人的人生是非常短暂的，在你短暂的人生中间，要想放出点光彩，想有点作为，必须做到"人生四行"：第一行，自己要行；第二行，要有人说你行；第三行，说你行的人，一定要行；第四行，自己身体要行。这是王立群先生对成功人士人生"四行"的精辟归纳与总结，可谓人生哲理与妙语。

在我的心目中，王立群先生：博学、睿智、缜密、执着、敬业、宽厚、仁慈、儒雅、谦和、包容、信达、至善、至诚、至美。

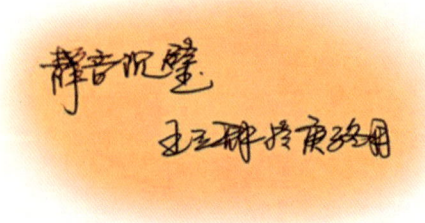

**玉璧入水 杳无声息**
**王立群先生题赠**

2021年9月20日王立群先生为公众号命名并题写"静音沉璧"

面对生活，一切皆然。也正如王立群先生所言：最好的人生，就是活得健康,忙得有序,玩得潇洒,过得充实,聚得开心,笑得灿烂。

大道至简,大音希声。生活中的王立群先生,谦逊温情,优雅从容,可敬可亲,亦师亦长,亦朋亦友。

《史记》和诗词是王立群先生生命中的重要组成部分。正如他接受《人民日报》的《环球人物》杂志采访时所言:《史记》和诗词,一读一辈子。《史记》是中国人不可不读的文学、史学双料经典。二十四史中,《史记》是经典,为我们留下了几百个成语,为我们留下了大量改编成小说戏剧的故事,留下了让我们看透人生的人物,让我们认识自己。可谓是繁华落尽见真淳!

作者王文科与王立群先生在河南大学2009届毕业典礼上留影

与诗词最美的"遇见",从诗词中汲取精神力量,诠释生命,升华人生，已经注定成为他生命中的血脉与灵魂。

儒雅、博学、谦逊、亲和……这是我们心目中的王立群先生印象。

高山仰止，景行行止。

他像是一座山，一座令人仰望的知识山峰；又好像是一棵根深叶茂的大树，植根于中原这方沃土，扎根百年河大，开枝散叶，飘逸书香，温润留芳。温馨而又浪漫，优雅而又从容。

愿王立群先生学术之树常青！！

2022 年 6 月 30 日明伦校园初稿

2022 年 7 月再稿

二 | 人物篇

# 明伦记忆——河南大学名人名家系列之袁宝华

今天让我们一起走近我校著名校友——袁宝华。

神州中原,物华天宝。

河南南阳,人杰地灵。

袁宝华

袁宝华(1916—2019年),无产阶级革命家、经济学家,河南大学著名校友。1916年出生在豫西伏牛山区山清水秀、风光宜人的南召县。1931年秋,袁宝华考入河南大学。在有着光荣爱国主义传统的河南大学,这位热血青年到校仅一个月时间,就加入了中国共产主义青年团。当时,日本帝国主义悍然发动"九一八"事变。年仅15岁的袁宝华对国土沦丧痛不欲生,毫不犹豫地投身于抗日救亡的洪流中。他率先参加河南大学抗日救国会,成为该会年轻的会员之一,从此,开始了他漫长的革命生涯。

当时,进步教授嵇文甫、王毅斋、罗章龙多次在讲坛上发表激昂慷慨的演说，给他留下了难忘的印象，也更加坚定了他所选择的革命道路。1932年，上海"一·二八"事变发生后，他带头节衣缩食捐款捐物慰劳守土抗战的将士，并和社会学系三年级学生康午生（即著名校友王国权）一起，发起组织"反帝读书会"，秘密印发中央苏区和鄂豫皖苏区的红军战斗捷报，宣传中共抗日主张，鼓舞河南大学师生进一步掀起爱国救亡运动新高潮。

1934年，袁宝华考入北京大学经济系。在中共地下党的领导下，参加了震惊中外的"一二·九"学生运动，反对日本帝国主义策划的"华北自治"，强烈要求国民政府抗日雪耻。1936年2月，加入中华民族解放先锋队，参加革命工作。同年加入中国共产党。

抗日战争全面爆发后，由党组织安排，他再度来到母校河南大学经济系四年级借读。1937年11月，袁宝华、胡得龙、王锡璋等一部分中共党员赴袁宝华的家乡南召县，胡得龙任中共南召县委书记，以袁宝华、王锡璋、张了且、顾雅亭等河南大学同学为基本力量，组织了南召抗敌自卫团战地服务团，建立抗日武装，打击敌人，保护群众。从此，袁宝华走上了职业革命的道路，历任中共南召县委书记、南阳地委委员等职。

新中国成立后，袁宝华把全副精力投入祖国的社会主义建设事业中。他长期在经济部门从事地方和国家经济建设的组织与领导工作，相继担任东北人民政府工业部秘书长、国家经济委员会副主任、国家物资总局局长、国家物资管理部部长。粉碎"四人帮"之后，他历任国家计划委员会副主任，中共第十一届候补中央委员，中共第十二届中央委员，中国企业管理协会会长，中国职工思想政治工作研究会会长，中国人民大学校长、名誉教授，中共中央顾问委员会委员等职，是著名社会活动家、蜚声中外的经济学家。

**上图** 2008年1月张秉义（左一）、关爱和（右一）赴京看望校友袁宝华

**中图** 张亚伟（左一）、袁宝华、关爱和、张德宗（右一）合影

**下图** 关爱和、袁宝华、王凌合影

在建设有中国特色的社会主义道路上，袁宝华呕心沥血、忘我工作，为党和人民做出了重要贡献。《袁宝华访谈录》（人民出版社1991年3月出版）和《袁宝华经济文集》（中国经济出版社1991年11月出版）两书集中反映和充分体现了袁宝华的经济思想与工作特色。他的爱国主义思想和勇于探索、勤于实践、深入实际、坚韧不拔、求真务实的工作作风，给我们留下了一笔宝贵的精神财富。

他始终心系母校，关心牵挂学校事业发展。20世纪80年代，袁宝华曾多次回到阔别已久的母校——河南大学，看到蒸蒸日上的学校，心潮澎湃，往事难抑，触景生情，浮想联翩。为母校题诗："年华似水流，俯仰已白头。犹念化雨时，峥嵘岁月稠。入梦塔影秀，犹念校景幽。任重征途远，明朝更风流。"抒写并表达了一位学子对母校的拳拳之心！

袁宝华题词

1990年，他被推举为河南大学北京校友会筹备组组长，后担任名誉会长，他倾注毕生精力，一直关注着母校河南大学教育事业的建设与发展。

我们深切缅怀著名校友——袁宝华！！

2022年8月2日于明伦校园

# 明伦记忆——河南大学名人名家系列之嵇文甫

今天,让我们一起走近一代宗师嵇文甫先生。

嵇文甫(1895—1963年),当代著名教育家、哲学家、史学家,一级教授。中国科学院学部委员。原名嵇明,字文甫。河南卫辉人。

1901年读私塾,后在汲县小学学习。1910年入卫辉中学学习,深受经学教员刘粹轩(同盟会员)反帝爱国思想的影响,成为他向往新社会、倾心革命事业的开端。同时,受河南著名进步教育家李时灿的启蒙与教诲,奠定了他先秦诸子和宋明理学的坚实基础。

1913年,18岁的嵇文甫进入北京大学预科。

1915年考入北京大学本科哲学门(后改为哲学系)。他刻苦学习,潜心研究,锋芒初显。1917年,著名教育家蔡元培出任北大校长,北大成为新文化运动的中心,嵇文甫积极接受新思想、新文化、新知识。

1919年,嵇文甫毕业后到开封河南省第一师范学校任教时,大力提倡白话文,向学生介绍《新青年》等进步刊物,推介陈独秀、胡适的文章,鲁迅的小说,俞平伯的新诗,并把这些内容引入课堂。

1918年北京大学哲学门毕业照，嵇文甫（二排右三）与校长蔡元培（前排右四）、文科学长陈独秀（前排右三）、教授梁漱溟（前排右二）、同学冯友兰（二排左四）等合影

20世纪20年代初，嵇文甫开始接触学习马列主义书籍，并运用历史唯物论进行教学和研究。1926年底，他经学生刘英介绍加入中国共产党，不久，中共河南省委派他去苏联学习。后因病于1928年回国。同年底，他到北京大学教书，并在清华大学、燕京大学等高校兼职授课。

1933年，嵇文甫回到开封，在河南大学任教授，后兼文史系主任、文学院院长。

1948年6月22日，开封第一次解放，他与河南大学进步教授王毅斋等前往中共中央中原局所在地宝丰投身革命。同年7月，担任中原大学筹备委员会副主任委员，为创办中原大学做出了重大贡献。

1949年5月，嵇文甫担任河南大学副校长。翌年10月任校长、一级教授。

1956年11月，嵇文甫调任郑州大学校长。同时，他积极参加政治和社会活动，先后担任中国人民政治协商会议代表，中南军政委员会委员，河南省人民政府副主席、副省长，全国人民代表大会代表，河南省文教委员会主任委员。兼任河南省历史研究所所长和河南省文史研究馆馆长，并在河南大学亲手创建《史学月刊》（原名《新史学通讯》）。

嵇文甫一生追求真理，富有爱国主义精神。1928年他从苏联回国后，虽与党组织失去了联系，但一直坚持进步，追求革命，在险恶的环境中，用自己的学识和影响，为党为人民做了大量有益的工作。"九一八"事变后，民族危机日益严重，他被聘为《北大学生》月刊委员会顾问，还被邀到各进步学生团体中作报告。1935年12月9日，北平学生运动爆发，开封学生热烈响应，嵇文甫以巧妙的斗争方式，积极支持学生爱国运动。抗日战争爆发后，他与王阑西、姚雪垠领衔创办《风雨》周刊，积极宣传抗日救亡。1937年冬，他与范文澜、刘子厚等组织了"河南大学抗敌工作训练班"，在此基础上成立"河南大学抗敌训练班服务团"，嵇文甫任团长，范文澜任副团长，带领广大青年投入抗日救亡运动。国民党反动派害怕群众运动，1938年3月强令嵇文甫、范文澜离开该团，之后嵇文甫在河南大学继续工作。因他在河南知识界享有很高威望，是河南大学的进步力量的"精神代表"，成为国民党反动派的"眼中钉"，于1941年10月将他逮捕，关入洛阳北邙山监狱，后迫于社会舆论的谴责，将他释放。

嵇文甫自23岁在开封的河南省第一师范学校教书，以后从未脱离他钟爱一生的教育事业,并为之奉献。

他在河南大学先后开设了先秦思想史、中国政治社会思想史、明清思想史、中国哲学史、中国社会经济史、宋明理学、秦汉史、中国教育史、宋代哲学等多门课程。在长期教学实践中,形成了独特的教学风格:讲课从容自如,风趣幽默;科学性与思想性相统一;深入浅出,主旨突出,生动传神,风趣隽永;娓娓道来,博约结合,含英咀华,嘉言如珠,使人如坐春风;善于启发、善于比喻、善于引导,耐人寻味;

嵇文甫

诲人不倦,为人师表。"几千学生都是骨肉相连",这句饱含深情的话语凝聚着他对教育事业的忠诚,对教师职业的热爱,对学生的深情。一直到晚年,他还常说:"我和青年学生们在一起,使我得到了不少益处,与其说当时的学生受过我的启发,毋宁说我深深受到他们的影响。"他坚持教学相长和尊重学生、虚心待人的思想品格,深深感染并影响着学生,终生感佩,永志不忘。正如著名学者任访秋先生所说:"平生不论在做人同治学上,在我的师长中,先生对我的影响是最大的。"

嵇文甫是一个笃实勤奋、勇于创新的学者。自1918年发表《老子发凡》起,40多年锲而不舍,潜心研究,在哲学思想、历史评论、政治理论等研究方面硕果累累,先后发表文章论著300余篇(部),200余万言。他主张以社会史为基础去研究中国思想史。1932年就出版了比较系统地用马克思主义观点研究中国思想史的著作《先秦诸子政治社会思想述要》。他还明确地提出研究思想史的方法论。他对先秦诸子、宋明理学，特别对船山哲学、左派王学深入研究，独辟蹊径。

在抗日战争和解放战争期间，他陆续发表了《王船山的民族思想》《王船山的政术论》《王船山的史学方法论》等论著；新中国成立后又出版了《王船山学术论丛》《王船山史论选评》等专著。

他对于历史人物评价、历史评价、如何对待祖国思想遗产等都有深入研究和独到见解。他认为"教师只有把理论搞通、搞透、搞熟、搞化，才能在结合实际上天衣无缝"，倡导并注重业务要精、学识要博、视野要阔、学用结合的教学与学术理念。

嵇文甫热爱党，对人民教育事业无限忠诚，于1959年7月1日重新加入了中国共产党。"水流千里归大海"，表达了自己甘愿奉献、无怨无悔的心情。

1963年10月10日嵇文甫在郑州病逝，享年68岁。

嵇文甫先生北大毕业后，20世纪30年代即到河南大学任教，历任系主任、文学院院长、校长，在河南大学执教26年，长校6年，他与河大师生同甘共苦、风雨同舟，为学校发展呕心沥血；他一生追求真理，孜孜以求；精心育人，著述丰厚，堪称教师楷模，学界巨子；在河南知识界享有崇高威望，是河南进步学者的精神支柱。新中国成立后曾担任河南省副省长，也是当时河南省唯一的中国科学院学部委员。

嵇文甫先生为河南大学、为河南省教育事业所做出的卓越贡献将彪炳史册！

2021年12月6日于明伦校园

## 明伦记忆——河南大学名人名家系列之董作宾

中华文明，以其源远流长著称于世；中原文化，以其博大精深而魅力无穷。

堪称"中华第一都"的殷都距今已有三千多年的历史。殷商王朝灭亡之后，殷都渐渐荒芜，变为废都。在19世纪末，甲骨文的发现又使灿烂的殷都文化闻名于世。甲骨文是殷墟最重要的历史文物之一，也是我国最早自成体系并有严密系统的文字。

甲骨文的发现发掘曾经震惊世界，堪为世界文化奇迹。在殷墟的发掘和甲骨文整理研究中，浸润着河大人的心血智慧与汗水。董作宾，他曾为甲骨文的发掘整理研究做出突出贡献。

他执着追求，心无旁骛，潜心钻研，在甲骨学、历史学、年代学、考古学、古文字学等诸多研究领域均有很高造诣。

20世纪30年代，鉴于他对甲骨文研究独特的贡献，被学界推崇，将董作宾（字彦堂）与罗振玉（字雪堂）、王国维（字观堂）和郭沫若（字鼎堂）并称为"甲骨四堂"。

今天让我们一起走近甲骨文专家、杰出校友——董作宾。

董作宾

董作宾（1895－1963年），教授，中央研究院院士、副院长，著名的考古学家、甲骨文专家。原名作仁，字彦堂，号平庐，河南南阳人。

他出生于小店主家庭，自幼入私塾，勤勉刻苦，博览"四书""五经"及诸子百家学说，1908年以优异成绩考入县高等小学堂。1911－1913年，因家境贫寒无法负担学费被迫退学后，只能一边帮助父亲在店铺做事，一边利用业余时间开办小学馆，教街坊儿童识字，挣钱贴补家用。

1913年，他与同窗好友组成"文会"，面向社会建立图书流通阅览制度，学业及书法取得长足进步。1915年，他考取县立师范学校。翌年，毕业后留校执教。

1917年，其父亲去世后，他卖掉店铺，来到开封，考进省"育才馆"深造。在这里，因习书法，开始接触到甲骨文，受考古学家罗振玉《殷墟书契前编》的直接影响，他对甲骨文产生浓厚兴趣并与甲骨文结缘，开始专注于中国考古学。

1922年春，为了获得更加专业系统的考古学知识，董作宾奔赴北京大学旁听，后考入北京大学研究所国学专业。其间，他如饥似渴学习考古学、语言学、历史学和人种学，还兼任《民谣周刊》编辑，参加故宫珍品的编目分类工作。

1925年，董作宾于北京大学国学研究院毕业，被破格聘任为福州协和大学副教授。次年，他回到家乡河南，受聘中州大学，任文科教授，先后讲授语言学、史学两门课程。他讲课的显著特点是不拘泥于课文，视野开阔，联想丰富，旁征博引，趣味横生。授课之余，继续深入研究甲骨文、考古学，常在《文科季刊》《文艺》《孤兴》等校刊发表研究心得和论文，深受考古学界关注。

1928年初，董作宾先后受聘为北平大学、广州中山大学历史系教授；不久，又被聘任为北平历史研究所研究员。

1928年10月，董作宾参加安阳殷墟的第一次试掘工作时建议，由中央研究院主持，系统发掘安阳殷墟，获得批准。此后10年间，他连续参加16次发掘殷墟工作，对甲骨文进行全面、系统的研究，发表《甲骨文断代研究例》等重要学术论文。他最早提出识别甲骨文字的10个标准和5个时期、殷代帝王世系年谱、殷先王称号、殷帝姓氏出土物墓葬地段、异域地名、铭文所述人物、铭文语法结构、铭文表意结构、铭文书写形态等重大研究课题，引起国内外考古学界的轰动，受到专家的高度赞扬，称他的《甲骨文断代研究例》一文为"划时代的论文"，"对甲骨文的研究已臻炉火纯青的地步"。

此后，著名历史学家马非百、朱芳圃、孙海波、尹达、石璋如以及数百名河大师生先后共同参与殷墟的历次考古发掘研究工作，使河大成为甲骨文化的学术研究中心，为中国考古学的发展、弘扬民族文化做出了不可磨灭的贡献。

在发掘殷墟、研究甲骨文的过程中，董作宾始终心系母校考古专业的发展。20世纪30年代，他曾数次回汴，为师生作专题讲演，与母校马非百、朱芳圃、孙海波、郭子恒等教授切磋研究考古学、甲骨文等重大科研课题。他让国文、史学两系学生参与发掘殷墟，并以中央研究院名义制定《解决安阳殷墟发掘办法》，为河南大学历史学及其他与考古有关的各科教授及师生参加殷墟甲骨文挖掘整理工作提供全力支持。马非百教授，许同国、冯进贤、尹达、石璋如等同学，多次参加殷墟发掘和考古研究，均取得了十分显著的研究成果。此后，

1936年冬,南京历史语言研究所前合影
后排左起董作宾、梁思永、李济、李光宇、胡厚宣、高去寻
前排左起王湘、石璋如、刘耀、郭宝钧、李景聃、齐延霈

河南大学利用已有的专业优势和得天独厚的优越条件,开设了甲骨文与中州文化史课程,为文史专业的长足建设和发展做出了奠基性、历史性的贡献。

董作宾对中国考古学的贡献是全方位、多领域的。除做好殷墟发掘整理研究外,他还曾先后参与诸多项目的勘察、调研、发掘和考证,建立在丰富实践的基础上,又整理撰写发表一系列理论研究成果。

1932年,他参加山东城子崖发掘,发现了黄河中下游新石器时代铜石并用的时代文化——龙山文化遗址。

1933年，他亲自主持山东滕县发掘，科学地制定了周公测量台的修复计划。

1936年，他考察了古代苏州城的城基，为春秋时期中国城镇发展史的研究开拓了新领域。

抗日全面战争爆发后，他辗转长沙、桂林、昆明、南溪各地，在流亡奔波的艰苦条件下，当选为中央研究院副院长，主持中央历史研究院工作。

解放战争时期，他成为中国最有名的考古学家，执甲骨文研究之牛耳。

1945年，历十年之心血出版的《殷历谱》成为甲骨学史上具有里程碑意义的殷代历法巨著。

1947年，他受聘美国芝加哥大学，任东方学客座教授；并在耶鲁大学讲考古学和甲骨文。

1949年，任台湾大学中国古文和历史学教授。

1956年8月，应聘到香港大学东方文化研究所，研究中国古文；同时，任香港大学历史学名誉教授、崇基学院历史教授。

1956年，应聘到新亚书院讲学。

1958年，重回台湾大学从事甲骨文研究。

1963年11月，董作宾病逝于台北，走完了他短暂而又辉煌的68个春秋。

董作宾一生勤奋、刻苦、顽强、执着，倾注毕生精力致力于史学、甲骨文研究，发表论文二百余篇。代表著作有《殷墟文字甲编》《殷墟文字乙编》《卜辞中所见之殷历》《殷历谱》《中国年历总编》《武王伐纣年月日考》《西周年历谱》《中国年历总谱》《中国上古史年代》

等。他在史学与甲骨文研究领域取得的令人瞩目的重要成就，为后学在该领域的研究奠定了坚实而丰厚的理论基础。

在河大教授和历届校友中，涌现出一批批学部委员或院士：冯友兰、范文澜、嵇文甫、董作宾……一个个响亮而又亲切的名字。他们永远是河南大学的骄傲与荣耀、辉煌与历史、珍存与记忆！

致敬——一代古学大师董作宾！

2022 年 10 月 6 日初稿

2022 年 10 月 8 日明伦校园再稿

# 明伦记忆——河南大学名人名家系列之赵毅敏

筚路蓝缕,风雨征程。艰难困苦,玉汝于成。

在河南大学曲折光辉的一百一十年办学历史进程中,曾留下无数杰出的名字。

赵毅敏便是其中之一。

今天让我们一起走近杰出校友赵毅敏。

赵毅敏(1904—2002年),原名刘焜,河南省滑县人,著名教育家、国务活动家。

1904年出生于书香之家。他的童年是在滑县一个偏僻的小镇牛市屯度过的。

1909年至1917年,他先入私塾,后到县城读书。

1915年,《新青年》创刊后,新思想、新思潮在中国迅速传播,留学欧美,学习欧

赵毅敏

美国家先进文化科学技术,成为青年学子们的热潮。带着这种向往与追求,1917年,赵毅敏考入河南留学欧美预备学校(河南大学前身)。

进入预校后,为他开启了一个崭新的世界。在这里,赵毅敏度过了五年刻苦学习生活的时光,预校的校风深深影响着他。

正如他在回忆中所述:"1917 年至 1922 年,我在河南大学前身河南留学欧美预备学校读书五年,受到良好的教育,这是我走上革命道路的起点。"学校的爱国主义教育使他受惠终生。

1919 年,"五四"运动爆发,赵毅敏和同学们毅然走上街头,游行示威,集会演说,张贴标语,呼喊口号,抵制查禁日货,和师生们一起以多种形式和巨大的爱国热情声援北京学生运动。

1924 年,赵毅敏赴法国勤工俭学。

1925 年,"五卅"惨案发生时,赵毅敏和留法同学一起,投入了反日抗议斗争,随后被法国警察投入儿童监狱。年轻的赵毅敏在狱中立场坚定,经受住了严峻的考验。经过营救出狱后,赵毅敏被吸收为共青团员。1926 年加入中国共产党。之后,进入苏联东方大学学习。

赵毅敏在苏联学习时的学员证

1928 年末,赵毅敏奉调回国,开展秘密的地下革命工作。他化名刘老板,在中苏边境小镇绥芬河开设了一个不起眼的"估衣店",

为出入边境的革命者勘察路线，提供衣物与保障，在艰难困苦中默默奉献。

1931年，赵毅敏调任中共奉天（沈阳）市委书记、满洲省委宣传部部长。在1931年"九一八"事变发生的当天，赵毅敏连夜写出了《满洲省委为日本帝国主义武装占领满洲宣言》。同年9月19日黎明，宣言油印后在奉天秘密散发，发出了奋起抵抗日寇的第一声怒吼。同年11月22日，赵毅敏在奉天被捕。日本宪兵对他酷刑相加、严刑逼供，赵毅敏大义凛然，巧妙地与敌人进行了长达3年的狱中斗争。

1934年7月出狱后，赵毅敏改任中共满洲省委组织部部长、抗日联军第三军政委，在沦陷的东北大地上继续与敌人展开顽强抗争与周旋。

1935年，赵毅敏代表中国共产党参加共产国际第七次世界大会，并作为中国共产党的常驻代表留在共产国际工作，担任莫斯科东方大学第八分校校长（斯大林为莫斯科大学校长）。

1938年，赵毅敏进入延安，先后任延安鲁迅艺术学院副院长、延安大学副校长、冀察热辽联合大学校长、延安《解放日报》社秘书长。在当时异常艰苦的条件下，他热情帮助初到延安的著名音乐家冼星海解决了许多生活上的困难，在政治上对他充分信任。根据冼星海的要求，赵毅敏介绍冼星海参加了中国共产党。此后，在短时间内，冼星海就创作出了优秀民族音乐史诗《黄河大合唱》，使其成为诞生于抗日战争艰苦年代震撼人心的史诗性作品。

新中国成立后，赵毅敏先后任北京市委宣传部部长、中共中央中南局常委兼宣传部部长、中共中央国际活动指导委员会常务副主任、中联部副部长、国务院外事办公室副主任等职务，在外事领域做了大量卓有成效的工作。他还奉命率团出访欧洲、南美地区，拓展外交领域，广交朋友，广泛开展各类政治、文化交流活动，宣传新中国所取得的巨大成就；陪同国家领导人接待来访贵宾，为增进中国人民与各国人民的相互了解和友谊做出了积极贡献。在担任中共中央顾问委员会委员、中共中央纪律检查委员会副书记的岗位上，赵毅敏坚持真理、实事求是，在改正冤假错案工作中，做出了历史性突出的成绩。

1966年6月中联部副部长赵毅敏陪同周恩来访问罗马尼亚、阿尔巴尼亚、巴基斯坦

赵毅敏始终心系母校，他认为河南大学具有优良传统。他曾深情回忆并总结母校具有四大特色：一是具有爱国主义传统；二是在教与学方面，优胜劣汰，保证质量；三是具有开放型的品格，特别重视外语教学；四是重视师生的体育锻炼，在省级各项体育比赛中名列前茅。

2002年，在河南大学迎来建校90周年前夕，已届98岁高龄的赵毅敏挥毫泼墨，写下了"庆祝河南大学九十华诞""河大百年"两幅条幅献给母校，以表达他对河南大学的深深祝福与眷念之情。

赵毅敏，热爱祖国，热爱人民，把毕生精力奉献于党和革命事业，体现了老一辈革命家"临风高挺立，不畏雪霜欺"的高尚无畏的崇高气节与情操。

在河南大学历届师生中，侯镜如、楚图南、罗章龙、袁宝华、赵毅敏、王国权……涌现出的这些杰出的革命家、军事家、外交家、社会活动家等，他们的名字必将与共和国的历史共存，他们的伟业与事迹必将激励代代河大人，在新的征程中，去追求，去奋斗，去奉献，去探索！

*2022年10月16—19日于明伦校园*

# 明伦记忆——河南大学名人名家系列之侯镜如

筚路蓝缕，风雨征程。

艰难困苦，玉汝于成。

百年河大，名人辈出。

追求真理，至善至诚。

在河南大学曲折光辉的一百一十年办学历程中，曾涌现出许多杰出的校友。

今天让我们一起走近著名社会活动家、杰出校友——侯镜如。

侯镜如（1902—1994年），字心朗，河南永城人，著名的社会活动家、革命家。

1902年10月17日，侯镜如出生于书香门第，在家庭熏陶和长辈的教诲下，他自幼博览诸子百家学说。时值清末民初大变革时代，受进步思想的启蒙，少年时代就追求真理，渴望民主。

侯镜如

1918年，他考入河南留学欧美预备学校（河南大学前身）英文专业。在校6年的学习生活期间，开始接触到马克思列宁主义。初入预校，当时时局动荡，内忧外患。刚刚步入青年时代的侯镜如，便积极参加了开封的新文化运动并积极声援"五四"运动等。学校国文教员江梦霞（时任中共开封市委书记）等，公开在讲坛上宣传共产主义思想，讲解辩证唯物主义和历史唯物主义观点。侯镜如深受启发，逐步开始接受马克思主义理论。经江梦霞介绍，他加入共产主义青年团。当时，侯镜如就读的英文科专业开设26门课程，全为英文原版教材，他学习十分刻苦，爱好广泛，是全校公认的才子、品学兼优的英文科高才生。

1923年，河南留学欧美预备学校升格为中州大学后，侯镜如以优异的成绩继续在中州大学教育系深造。在李廉方、汪敬熙等著名教授的亲自指导下，顺利完成了教育学、心理学等主要学科的专业学分，专业成绩表现出色。

1924年2月，他在中州大学读理科二年级时，受中共地下党组织的派遣，赴上海报考黄埔军校第一期。当时，侯镜如受到毛泽东（时任黄埔军校驻上海的招生组组长）的青睐，这个毅然踏上革命征程的河南大学学生被格外看重。毛泽东语重心长的教诲也使他明白了国共合作、开办黄埔军校的许多深刻道理。经初试合格后，他乘船经香港来到大革命中心广州，顺利成为黄埔军校首期学员。在黄埔军校学习期间，刻苦钻研，操练认真，表现优异。当时，与周恩来、周逸群、刘志丹等人交往密切。他秘密参加中国共产党党课学习，对大革命的认识日渐深刻。军校毕业后，侯镜如担任教导一团一连的排长。1925年，经周恩来、郭俊介绍，他于潮州秘密加入中国共产党。

1925年2月，大革命开始后，侯镜如随军参加国民革命军第一次东征，相继担任国民革命军营长、团长、旅长。抗日战争时期，任第十七兵团中将司令官，在烽火连天的艰苦岁月，他出生入死，勇往直前，表现出了一名革命军人大义凛然、视死如归的崇高品格。战役中他左手中弹负伤，被暂时调回河南开封，他除了在军政学校执教外，还经常回母校中州大学宣传孙中山先生的联俄、联共、扶助农工三大革命政策，宣传北伐战争的伟大意义，动员进步学生参加大革命运动。他的同窗好友周邦彩就是在他的影响下报考黄埔军校成为第二期学员，黄志忠成为第四期学员。

在"北伐战争""南昌起义""抗日战争""辽沈战役""两航起义"等重大历史事件中，都曾留下了他的身影与足迹。在枪林弹雨中，他身先士卒，出生入死，浴血奋战，视死如归，表现出大无畏的英雄气概和高尚品格。他为国共第一次合作，团结抗战，为人民解放军解放北方地区，促成北平和平解放，为中华民族生存、发展、统一、繁荣的历史进程做出了独特的贡献，立下了不朽功勋！

1952年，应周恩来、安子文、李克农之邀，侯镜如从香港返回大陆，此后四十多年间，致力于促进祖国统一的工作。他先后当选为全国第二届、三届、四届、五届、六届政协委员，第七届全国政协常委，第八届全国政协副主席。在民主党派工作中，举凡重大问题，他都及时向中共中央领导同志请示，和中央保持一致，赢得了民主党派人士的信任和尊重。相继担任中国国民党革命委员会常委、副主席、主席、名誉主席，并长期兼任黄埔同学会会长、河南大学校友会顾问、中国和平统一促进会会长。

1984年2月，侯镜如和三位旅美的早期黄埔军校校友、知名的原国民党高级将领宋希濂等，联名在美国华盛顿发表《黄埔军校老同学及其家属促进中国统一筹备委员会宣言》，在海外的炎黄子孙中引起了巨大的反响。1986年7月9日，在"纪念北伐战争六十周年座谈会"上，他曾动情回忆道："回顾这段虽然短暂但十分辉煌的历史时，我们至少可以得出两条结论：第一，国共两党的第一次合作，是取得

侯镜如与家人

1990年5月16日校友侯镜如受到邓小平同志亲切接见

北伐胜利的根本保证；第二，黄埔军校师生以崇高的理想和奋不顾身的行动，在北伐中建立了不朽的功勋。在建设祖国的今天，这两条仍然有着巨大的现实意义。"

侯镜如

他还始终关注家乡河南经济建设，情系母校河南大学的建设与发展。1992年9月，在庆祝河南大学建校80周年时，已届90岁高龄的侯镜如，欣然为母校写下了"培育良才中州盛，善任贤士华夏兴"的题词。1994年在北京病逝。1999年，根据本人遗愿，在母校河南大学设立了"侯镜如奖学金"，用于奖励品学兼优的在校研究生。

侯镜如，戎马一生，身先士卒，南征北战，呕心沥血，把毕生精力奉献给党和人民的革命事业，建立了丰功伟绩。历史不会忘记，河南大学也将铭记这位杰出校友——侯镜如！

2022年10月26日初稿于明伦校园

2022年11月7日立冬再稿

## 明伦记忆——白寿彝先生

百年河大，名人辈出。

治学兴邦，文脉相传。

白寿彝先生，目睹祖国河山碎裂、生灵涂炭，于是求知，于是寻找真理，于是在"八口嗷嗷一蓝衫"的环境中坚信未来，于是不断笔耕、"舌耕"，于是不但找到了实现自己学术思想的宽阔大道，也找到了把自己的一切和亿万人民血肉般联系到一起的人生正途。（摘自许嘉璐《白寿彝画传·序》）

今天让我们一起走近著名史学家、杰出校友——白寿彝。

白寿彝（1909—2000年），一级教授，当代著名历史学家、教育家、社会活动家。回族，河南开封人。1909年2月19日出生于书香门第，5岁即读私塾。12岁考入外国教会在开封办的圣安德烈中学，少年时代即亲身体验到帝国主义对中国的文化侵略和奴役政策。

1925年，"五卅"惨案发生，16岁的白寿彝积极参加反帝爱国运动。此后，他考取上海文治大学，次年转入河南中州大学文科二年级读书，受到著名哲学家冯友兰教授（时任中州大学文科主任）的直接教诲。

**青年时期的白寿彝**

1929年,他毕业于河南中山大学文史学系,并以优异成绩被燕京大学国学研究院录取,攻读中国哲学史专业;1932年,研究生毕业,被聘为北平研究院历史研究所助理研究员及《禹贡》学会编辑。

1936年,他发表《从怛逻斯战役说到伊斯兰教之最早的华文纪录》论文,用严密的研究成果论证在唐朝天宝年间中国同大食国的这场战争及其所产生的深远的历史影响;翌年,他又连续发表《论设立回教文化研究机关之需要》《回教的文化运动》等论文,受到国内外历史学界的广泛关注。这些论文的发表是青年白寿彝对中国史学研究的突出贡献,显示出这位青年学者的深厚功力,初步确立了他在中国回族史学研究方面的重要地位。

1938年,他担任桂林成达师范学校讲师,仅一年后就被国内一些著名大学竞相聘用。

1939年,到达昆明后,他坚持不懈收集、挖掘、整理、研究中国回族史和伊斯兰教史料,撰写云南回族伊斯兰人物,并开始在大学教授中国历史学专业课程。

1940年至1945年，他相继被聘为昆明云南大学、重庆中央大学历史系教授。

1946年，他又被续聘为南京中央大学历史系教授。

在旧中国读书和执教期间，白寿彝除认真钻研历史学、哲学，特别是精心研究中国少数民族史学外，还积极创办报刊，发表进步文章。大革命时期，他在上海文治大学读书时，就利用业余时间，创办《伊斯兰》双月刊，发起组织"河南回民学会"，成为办刊物的经济后盾，并连续撰文声援上海人民反对帝国主义的正义斗争。

抗日战争时期，他主编《月华》和《云南清真铎报》，大力宣传民族团结，弘扬中华民族爱国主义精神，坚定各族人民对抗战前途的必胜信念；解放战争时期，他置个人生死于度外，不顾白色恐怖和国民党特务的迫害，在极端险恶的环境中主编《文讯》月刊，不断刊出革命文艺工作者和进步作家的作品，为推翻国民党反动统治广造舆论。

同时，20余年间，他一直把对中国回族史的学术研究作为主攻方向，贯穿研究始终，对分布在祖国各地的回族群众的生活习惯、文化渊源、宗教情况等作细致的调查研究，开创了"民俗学"研究新领域，在中国少数民族史的科学研究方面，取得了举世公认的学术成就，奠定了深厚的学术影响与根基。先后出版《朱熹辩伪书语》、我国第一部《中国交通史》、《中国回教小史》、《中国伊斯兰史纲要》、《咸同滇变见闻录》（我国首部回族专题史料）等专著及一系列具有开创性的学术论文。

1949年，新中国成立后，白寿彝以实际行动迎接新中国的曙光，以顽强的意志，投入到社会主义高等学校教学和史学科学研究工作之中。他历任中国史学会常务理事，北京师范大学历史系主任（1949—

1998年）、史学研究所所长、古籍研究所所长、校学术委员会主任、校学位委员会主任，中国社会科学院历史研究所副所长、民族研究所学术委员会副主任等学术职务。

1956年，他被评为一级教授并加入中国共产党。此后，相继担任国务院首届学位委员会委员、中国科学院学部委员、北京师范大学博士研究生导师。他的主要学术职务有：世界宗教研究所学术委员会委员，国务院古籍整理规划小组成员，国家教育委员会全国高校古籍整理研究工作指导委员会副主任，北京市历史学会会长、顾问，中国史学会主席团成员、理事，中国和平统一促进会理事，中国教授学会历史分会会长、名誉会长，中国民俗学会副理事长、副会长，中国民族史学会副会长、会长，中国伊斯兰教协会副会长，中国回民文化促进会副主任，中国西南少数民族史学会顾问，中国少数民族五套丛书编委会副主任，中国大百科全书民族编委会顾问等。他是第一届全国政协代表，中国共产党第十届全国人民代表大会代表。他连续当选为第三、四、五、六届全国人民代表大会代表，并担任第四、五、六届全国人民代表大会常务委员，第五届全国人民代表大会民族事务委员会副主任委员。

白寿彝先生始终心系母校，对学校发展倾注满腔热情与挚爱。

自20世纪50年代以来，白寿彝先生曾多次应邀回母校讲学，作学术报告。

1982年9月25日，白寿彝先生应邀参加母校70周年庆典，当日，他向全校师生作了题为《关于目前史学的几个问题》的学术报告，在历史系史学科学讨论会上作《开创史学工作新局面》的专题报告。他结合自己半个世纪以来从事史学教育、史学研究的实践经验，提出了历史教育、历史遗产、开阔视野、强大队伍等系列问题，阐明了历史教育应包括革命传统教育、民族团结教育、辩证唯物主义教育等，培养学生的责任与时代感等一系列鲜明观点。

白寿彝（左一）与何兹全

1989年，他欣然接受学校聘请，担任河南大学历史系的兼职教授。

白寿彝先生虽已耄耋之年，仍笔耕不辍、勤于研究，在史学研究上取得了重要成就。积47年研究成果汇成《中国史学史教本》，先后出版《中国伊斯兰史存稿》《回族人物志》《白寿彝民族宗教论集》等系列著作。在他85岁寿辰时出版《白寿彝史学论集》。

由他主编的国家重点科研项目《中国通史》（12卷22册）自1989－1999年由北京师范大学出版社相继出版（在先生九十诞辰时）。《中国通史》的出版"是我国史学界的一大喜事"："最全面、最详尽、最系统，是真正的通史。它从远古时代一直到1949年，它内容最丰富、最全面，包括政治、经济、文化、民族、地理环境、典章制度、科学技术,几乎无所不能包。"(戴逸评价)。《中国通史》是中国最为浩大的史学工程,也是白寿彝先生奉献给祖国最为宝贵的精神财富。

2019年10月20日著名校友白寿彝之子白至德向校史馆(右王学春)捐赠白寿彝真迹2幅

2000年3月21日子夜,白寿彝先生在北京去世,享年91岁。

白寿彝,从事学术活动60余年,高校执教50年,治学严谨、刻苦、勤勉,在史学领域取得了卓越的研究成果;他一贯倡导史学家要有"史德、史学、史识、史才",他品德高尚,胸怀坦荡,学识渊博,为人楷模;他秉承"学习历史,创造历史""彰往知来"的教育理念,言传身教,诲人不倦,桃李满园。他的治学精神与品格将激励后学,成为河南大学一笔宝贵的精神财富,代代相传。

让我们永远铭记这位著名史学家、杰出校友——白寿彝!

2022年11月13—21日于明伦校园

# 明伦记忆——党鸿辛

两弹一星，功勋卓著。

承前启后，精神永驻。

今天，让我们一起走近"两弹一星"功臣——党鸿辛院士。

党鸿辛（1929－2005年），广西北流市人，中科院院士，"两弹一星"功臣，我国摩擦学学科的开拓者与学术带头人，材料及机械摩擦、磨损与润滑研究方面的知名专家，中科院兰州化学物理研究所润滑材料学科的创建人之一。他先后担任摩擦学会名誉理事长，固体润滑国家重点实验室学术委员会名誉主任，《摩擦学学报》主编、名誉主编。1998年起担任河南大学特种功能材料重点实验室学术委员会主任、河南省科学技术协会名誉主席、第十届全国人大代表等职。他破解了中国制造原子弹、导弹和人造地球卫星信号传递问题的技术难关；参与了"实践一号、二号"和"尖兵一号"等人造卫星的研制，为我国"两弹一星"做出了不可磨灭的贡献，是我国有突出贡献的科学家之一。

1929年6月15日，党鸿辛出生于北流市隆盛镇秧地坡一个乡村医生之家。尽管家境贫寒，良好的家教却为党鸿辛的学业奠定了基础。他自幼勤奋好学，在小学和容州中学念书时，一直是品学兼优的好学生。对数学的浓厚兴趣，也使他的逻辑思维得到了很好的发展。

1949年，党鸿辛以优异的成绩考取了广西大学化学工程系。却因学费筹措困难，被迫休学一年。为了下一年能上学，他便到处打工积攒学费。

1950年，党鸿辛入广西大学学习。

1952年，全国高校院系大调整，他随广西大学化学系合并到华南理工大学，到广州继续完成学业。他上课学习，课余打工，由于劳累和营养不良，患了急性黄疸型肝炎，但即使这样，他仍未放弃自己的学业。

1953年，因国家经济建设的需要，他提前一年毕业，被分配到在大连的中国科学院工业化学研究所（今中科院大连化物所）工作。

1958年，党鸿辛服从国家需要，随润滑实验室迁往兰州，成了中国科学研究院兰州化学物理研究所研究员。

从1960年开始，他长期从事摩擦学及表面物理化学的研究，逐渐成长为我国固体润滑学科的主要开拓者与学术带头人。

1962年5月，他光荣地加入中国共产党。

党鸿辛是中国固体润滑学科的主要开拓者和学术带头人，他在坚持理论与实践相结合、坚持科研面向国家经济建设主战场等方面潜心研究，大胆探索，取得了显著成果。

"固体润滑的研究"项目1982年获国家自然科学三等奖（排名第二）。

"齿轮润滑成膜膏的研制和推广"项目1989年获得了中国科学院自然科学二等奖（排名第一）。

1997年，他当选为中国科学院院士。

自1987年中国科学院正式成立固体润滑开放研究实验室起，党鸿辛一直担任该实验室学术委员会主任，把握摩擦学已从传统的力学、机械学的研究转向摩擦化学与物理的趋势，选定摩擦表面的化学与物理为研究方向。该实验室一直围绕主要研究方向，团结协作，取得了一批学术水平高、应用价值大的科研成果，并在国内外重要刊物上发表了一系列高水平的学术论文，产生了较大的影响。1999年该实验室被批准为国家重点实验室。

党鸿辛结合学科特点，注重解决国家经济建设中的关键技术难题，和他的同事们先后为国防军工重点型号配套研制了数十种性能各异的特种润滑材料，为国防现代化建设做出了重要贡献。"331工程"三级火箭氢氧发动机中液氢蜗轮泵的传动齿轮工作条件极为苛刻，如果没有有效的润滑，则运行时齿轮会因高速高负荷下的摩擦而产生局部高温，使齿间发生粘着和破坏，导致火箭发射失败。他创造性地提出了解决这一关键问题的技术路线，并最终研制成功了一种新型的固体润滑膜，有效解决了我国自行研制的氢氧火箭发动机的一个关键问题。该项目先后获得了1985年中科院科技进步一等奖和1988年国家发明三等奖（排名均为第一）。

他成功研制数十种服务军工重点型号性能各异的特殊润滑材料，为国防建设做出了巨大的贡献。"109"和"直九工程"是我国"七五"期间的两项重点军工项目，受中国船舶工业总公司和中国航空工业总公司的委托，分别要求解决控制鱼雷进攻方向和运行姿态的舵机蜗轮蜗杆组件的润滑问题及九种直升机配套特种润滑材料的国产化问题，所研制材料的性能全部达到或超过了国外同类产品的水平，并已在实际应用中获得了显著的社会经济效益，该项目获得了1992年中科院科技进步二等奖（排名第一）。

1988年，他获得了国防科工委颁发的"献身国防科技事业荣誉证章"。

他在研究中还十分关注解决一般民用工业设备的润滑问题，为国家研制量大、面广、价廉的先进润滑材料，其所参与发明的白色润滑成膜膏和PEP润滑涂层均取得了显著的社会经济效益，分别获得了1995年国家发明三等奖和1994年甘肃省科技进步二等奖（均为个人，排名第二）。

1990年，获国务院政府特殊津贴。

1997年，当选为中国科学院院士。

1998年5月他婉拒高薪，举家从兰州到河南大学安家落户，成为河南高校首位"全职"院士。他把全部心血倾注到学校特种功能材料重点实验室建设与发展，为实验室在学科发展、人才培养、队伍建设等方面做出了杰出贡献。

他崇尚科学，胸怀祖国，孜孜以求，不舍昼夜，勤俭朴实，无私忘我。作为我国固体润滑研究领域的权威科学家，党鸿辛在圈内早已是声名赫赫。然而，他始终过着平凡朴素的生活。他时刻牵挂实验室的工作人员，常常是慷慨解囊，从自己工资津贴中接济实验室人员。他谢绝了学校专门配备的工作用车，年逾七旬的他仍每天坚持步行几公里到校工作，风雨无阻。他还总是乐呵呵地说："步行上下班可以锻炼身体。"

有一件事成了党鸿辛一生永远的牵挂与遗憾。

党院士在西北所

党院士在河南大学

因为工作，他顾不上对家庭和孩子的照顾。最让其愧疚的事莫过于因为工作而延误了儿子的病情。那一次，他的实验室正担负着国家一项重要的科研任务，那天很忙，下班后也没能按时回家，儿子突然患了小儿麻痹高烧不止。直到深夜，他从实验室回来，看到儿子烧得通红的小脸，摸着儿子滚烫的身躯，才心疼地抱起儿子往医院跑。

然而，由于耽搁了最佳治疗时机，孩子落下了残疾。坐在孩子的病床前，看着孩子的病腿，他心如刀绞，泪流满面……儿子从小就知道自己的父亲在为国家操劳，不但未抱怨，长大成人后反而对父亲充满了崇敬之情。他说："父亲对我影响最深的就是他的科学精神。他实事求是，从不人云亦云，凡事都要亲自去探究，做的比说的多。"也许这是心灵安慰，但更多的是人生之中无法弥补的缺憾！

他是一位成就卓著的科学家，也是一位普通人。在科学研究工作与生活的道路上，他承受超乎常人无法想象的压力，血与汗，泪与水，亲与情，一路走来，向着既定目标，艰苦跋涉，从不懈怠……

2003年，他牵头申报的河南大学凝聚态物理及高分子化学与物理学科博士点双双获批。同年，特种功能材料实验室获批省部共建教育部重点实验室。为河南大学重点实验室建设奠定了良好基础。

2004年2月27日上午，春寒料峭，党鸿辛因积劳成疾、突发心脏病晕倒被送进了医院。在医院他仍时刻惦记着实验室建设、科研及研究生指导。做完心脏手术仅仅两个月，就坚决转回学校医院继续坚持工作。

2005年3月因肝功能异常、心功能不全等病因，党鸿辛转入北京协和医院特需病房治疗。

2005年6月10日，他在北京协和医院病逝，走完了76年坎坷辉煌的人生道路，永远地离开了他终生热爱的科学研究事业。

党鸿辛院士终生在科学领域攀登、探索、奋斗、操劳。曾获得了包括国家自然科学奖三等奖 1 项，国家科技进步奖二等奖 1 项、三等奖 2 项，国家发明奖三等奖 2 项在内的省部级以上奖励共 26 项。在国内外期刊发表学术论文报告 190 余篇。他信念坚定，执着顽强，实事求是，勤勤恳恳，淡泊名利，无怨无悔，身先士卒，为祖国科学事业默默奉献，为学校学科专业发展呕心沥血，献出了毕生精力，成为引领河南大学那个时代学科发展的一面旗帜，光昭后人！

2022 年 12 月 2—7 日
大雪时节于明伦校园

# 明伦记忆——冯景兰

河南大学110年办学历程中,人才荟萃,名家辈出。

今天让我们一起走近著名地质学家、教育家冯景兰先生。

冯景兰(1898—1976年),字淮西(怀西)。著名地质学家,矿床学奠基人之一,中国科学院学部委员、一级教授。

1898年,冯景兰出生于河南省唐河县祁仪镇一个书香门第,父亲冯树侯为清代进士,曾任湖北省崇阳县知县,协助张之洞兴办"洋务"。儿时的冯景兰受教于家塾,自幼勤学苦读。9岁丧父,家道中落。母亲吴清芝勤俭持家,毫不放松对冯景兰、其兄冯友兰(中国著名哲学家)、妹妹冯淑兰(沅君,著名作家、文史学家)的培养,后来兄妹三人均成为饱学知名人士,世称"冯氏三兰"。

冯景兰

1916年,冯景兰在开封河南省立二中毕业后,考入北京大学预科班。1918年赴美留学，学习矿山地质。1921年毕业于美国科罗拉多矿业学院，同年考入哥伦比亚大学研究院，攻读矿床学、岩石学和地文学。1923年获硕士学位。之后回国到故乡河南省最高学府——中州大学。

1923—1927年，冯景兰在河南中州大学历任讲师、教授兼矿物地质系主任，开始了他漫长的教学研究生涯。经过教学实践与探索，逐步形成个性鲜明的教学特色：

一、注意传授知识的系统性、条理性。课前总是精心设计、周密安排，如讲授地质概论课，把地球史、矿物学以及古生物学交叉融合，全新的内容与方法使同学眼界大开、耳目一新。

二、深入浅出，因材施教。他善于把枯燥的内容用生动形象的语言，深入浅出地传达给学生，培养同学们专业兴趣，确立人生走向。针对高年级学生，用英语授课交流互动。

三、十分重视课外教学，使学生从标本和实物中来认识印证课堂知识。教育学生："想成为一个优秀的地质学家，从在校时起，就培养艰苦奋斗、吃苦耐劳的精神，锻炼强健的体格。"每次课外考察，他总是躬身践行，中州大学地质实验室的标本矿石，大多是他带领学生走进大山精心采集制作的，仅河南各地标本就有千余种。

四、善于总结教学经验。把实际考察获得的第一手资料及时提炼上升为理论，注意吸取国外地质学新知识，编成教材，以补充、完善、丰富教学内容。

他翻山越岭、跋山涉水，调研的足迹遍布大江南北。

他深入开封市北郊就沙丘的形成及现状进行调查，1926年写成了《开封附近沙堆之成因分布与风力水力风向之关系》，从此与治黄结下了不解之缘。

新中国成立后,他提出"治河必先知河",多次参加黄河河南段的勘测,写出《豫西黄河坝址地质勘测报告》《黄河的特点和问题》以及黄河泥沙等文章及调查报告,为治理黄河提出了地质基础方面的可靠依据。

1935年美国地质学家葛利普教授访问清华大学(自左至右张印堂、韩咏华、葛利普、梅贻琦、冯景兰)

冯景兰长期在高等院校从事地质教育教学,培养了一大批地质高级专门人才。他是新中国成立后第一批研究生导师,在研究生培养上,除要求专业课基础扎实外还要求他们有野外考察功底,最大程度发挥研究生的主动精神与开创性。

他在两广地质、川康滇铜矿地质、豫西砂矿地质、黄河及黑龙江流域新构造运动和工程地质学等方面进行过大量开创性工作。在矿床共生、成矿控制及成矿规律等研究领域独辟蹊径,提出了"封闭成矿学说"。

他曾于 1927 年兼任设在广州的两广地质调查所技正。截至 1929 年，他和同事一起对广九铁路沿线地质、粤北地质矿产、粤汉线广州至韶关段沿线地质矿产进行了综合考察。对粤北的地形、地层、构造和矿产进行了详细的调查研究，将区内第三纪红色砂砾层命名为"丹霞层"，将由此形成的奇峰林立的独特景观命名为"丹霞地貌"，这一命名至今仍为中外学者沿用。

1929－1933 年，调查了江宁沈海铁路沿线地质矿产、河北宣龙铁可成因、陕北地质。

1933－1937 年，暑期间调查了河北平泉、山西大同、山东招远以及秦山等地的地质和矿产。

1938－1946 年，他主要研究四川、西康和云南三省的铜矿，并出版了《川康滇铜矿纪要》一书。

新中国成立后，冯景兰被任命为中国地质工作计划指导委员会委员，参与新中国地质工作的全面规划。1954 年，被聘为黄河规划委员会地质组组长。调查了江西都（阳）乐（平）煤田；参加了豫西黄河坝址地质勘查，认为三门峡的地质条件最适宜建设大坝；他应河南省政府邀请，对豫西地质矿产进行了勘察，肯定了平顶山煤矿和巩县（今巩义市）铝土矿的价值，为新中国地质勘探、资源开发利用提供了可靠依据。

1956－1958 年，他参与了中苏合作黑龙江流域综合考察队，担任中方负责人，对矿产资源、坝库址的基岩及地形情况、新构造运动和河床覆盖层的厚度等一系列问题提出了独到的观点。

1963 年，他提出"封闭成矿"的概念，他在《关于成矿控制及成矿规律的几个重要问题的初步探讨》中，进一步阐明了封闭成矿的意义，成为七八十年代国际学术界的热门课题。

北京地质学院1963年度毕业研究生及导师合影

冯景兰与家人赴清华大学冯友兰家聚会合影（后排中为其母亲）

1929 年在雅加达举行的第四届泛太平洋科学会议上，他宣读了广东地质矿产调查的学术论文，引起国际学术界高度关注。

1933 年《探矿》一书由商务印书馆出版。同年，发表了《放射性与地热学说》方面的学术文章。他潜心学术，勇于探索，在专业领域发表学术论文百余篇，出版教材 5 部。由他撰写的许多调查报告为国家矿产资源开发利用提供了翔实可靠的研究依据，在该领域取得了独特的成就。

1976 年 9 月 29 日，因心脏病猝发，冯景兰在北京与世长辞，走完了 78 年不平凡的辉煌人生。

"走不了山路就别干地质！"这是他经常教导学生们的一句名言。

他从教 50 余年，一生潜心学术，学贯中西，知识渊博，躬于实践，成就卓著；一丝不苟，言传身教，精益求精；光明磊落，实事求是；勤奋朴实，默默奉献……成为一代知识分子的典范与楷模！！

2023 年 1 月 26 日于古都开封

静音沉璧

# 明伦名家——罗廷光

历经110年风雨的河南大学，是一所令人敬仰的大学。

河南大学，百年风华，名人辈出；代代学人，躬耕不辍；筚路蓝缕，风雨征程；薪火相传，文脉相承。

这里，曾聚集着一批批先贤学者，也曾留下他们跋涉过的足迹……

今天，让我们一起走近著名教育家——罗廷光。

罗廷光（1896—1993年），号炳之，江西省吉安人，曾任省立河南大学教务长兼教育系主任。南京师范大学教育系一级教授，著名的教育家、教育史学家。

罗廷光出身于知识分子家庭，父亲为前清秀才，塾师兼行中医。他5岁便随父识字，10岁那年父亲病故后，入乡间私塾。

1911年1月，入吉安高等小学就读。

罗廷光

1916年，从吉安中学毕业后从教。

1918年，他考入南京高等师范学校，入教育专修科，师从陶行知、刘伯明等教育界著名学者。

1926年，他辗转南昌、扬州、无锡等地任教，其间写成《普通教学法》一书（商务印书馆出版），成为我国近现代最早的教学法专著的开山之作。

1928年7月，为追求新知提升学术素养，罗廷光赴南昌参加留学欧美考试，考取公费留学，入读美国斯坦福大学教育研究院。一年后，他又转入哥伦比亚大学师范学院学习教育行政和比较教育等学科，获硕士学位。

1931年，罗廷光由美国经欧洲回国，任国立中央大学副教授。翌年，升教授兼本院教育社会学系主任及实验学校校长。

1933年，出任湖北教育学院院长等职务。

1934年，带着寻求与探讨中国教育出路的美好愿望，他离开武汉，前往英国，入伦敦大学皇家学院研究教育学，同年8月，曾代表中国教育学会和中国社会教育社出席在英国牛津召开的第六届世界教育会议。期间，他考察了德、法、意、苏等欧洲各国的学校教育体制机构社团机关，对西方教育制度有较深的了解，为其以后从事外教史研究和教学奠定了基础。

1936年7月，他经莫斯科归国后，同年8月即到河南大学任教授，兼教务长和教育系主任，为河南大学教育系本科生开设"比较教育"课程。他将自己在欧美的所见所闻写成《最近欧美教育综览》（1939年商务印书馆出版）一书。在学校工作期间，他还与著名教授李廉方、嵇文甫、范文澜、邰爽秋、毛礼锐、张遂青等一起，通力合作，为河南大学及教育系的教学、科研、人才培养工作做出了积极的贡献。

1937年，"七七"事变后，北大、清华、南开三校在湖南长沙和南岳组成临时大学，1938年春迁至云南昆明组成西南联合大学。罗廷光离开了河南大学，与同事郑昕、钱穆、朱自清等到西南联大，历任西南联大教授、重庆中央大学教授兼师范学院院长。

1940年8月，罗廷光赴江西任中正大学教授兼教务长。

1946年，他又到重庆任中央大学教授兼师范学院院长。

1948年，他被聘为联合国教科文组织中国委员会委员。

1950年新中国成立后，他任南京大学教授兼教育系主任。

1952年，他任南京师范学院（后为南京师范大学）教授，兼任院务委员会委员、学术委员会委员等。

罗廷光胸怀祖国，心系教育，潜心研究，著书立说。先后撰写教育论著20余种、论文100余篇。主要著作：《教育科学纲要》（中华书局，1935年），《最近欧美教育综览》（上下册，商务印书馆，1939年），其中他与韦悫合译的《比较教育》（凯德尔著，上、中、下三册，商务印书馆，1940年）被列入"汉译世界名著"，专著《教学通论》、《师范教育》、《教育行政》（上、下）被列为"大学用书"。他主持全国师范院校教育史教学大纲的编写和出版工作，由他编撰出版的《外国教育史》（上、下）成为外国教育史学科体系及教材编写的奠基之作。《罗炳之教育论著选》（江苏教育出版社，1987年）收录了其重要教育论著等。罗廷光以其科学的研究方法、丰厚的研究成果，为我国教育事业的发展做出了独特贡献。

罗廷光从青少年时代就追求光明，积极投身反帝反封建运动。"五四"运动爆发后，他参加了南京学生及各界群众的大规模游行示威，在斗争中接受新思想。"五卅"惨案发生后，他在南京参加了声讨帝国主义的爱国运动。他从事教育60余载，把毕生精力都奉献给祖国的教育事业，为国家和民族培养了大批教育人才。

"博学，深思，存疑，求证"——这也正是罗廷光一生治学与探索的凝结。在中外教育史、比较教育、教育基础理论、教育行政、教学法等学术领域，他运用科学的方法，探索建立教育科学的研究方法体系。他以广博的知识积淀，古为今用，洋为中用，广学深研，存疑解惑；以严谨的治学态度，在教育学领域取得令人瞩目的卓越成就。

春华秋实，润物无声。

在河南大学110余年的教育发展历程中，正是有罗廷光这样潜心学术、博采众长、学贯中西的一批大家学者，才奠定了学校学科专业的根基，壮大了人才队伍，成为学校传授知识、科学研究、人才培养、不断创新发展的源泉与不竭动力！

云南教育厅国立西南联大合办中教进修班国文组教职员暨毕业学员合影

"嵩岳苍苍，河水泱泱，中原文化悠且长。济济多士，风雨一堂，继往开来扬辉光！"愿河南大学在无数前辈们踏出的学术道路上，继往开来，开拓前行，奔向明天的辉煌！！

2023 年 5 月于明伦校园

## 明伦记忆——访著名校友王鸣岐

那是 1992 年 2 月的一天，河南大学建校八十周年前夕，春节刚过，人们依然享受着春节的喜庆气氛。我当时在学校校长办公室做文秘工作，得知王鸣岐（1906－1995 年，名凤岗，号济熙，河南滑县人）先生回校，怀着敬慕的心情，来到明伦校区校内"明园"招待所，轻轻叩开王先生入住的 102 房门。

步入室内，只见橘黄微暗的灯光下，一位白发皓首、精神矍铄的长者，放下手中的文稿资料，缓缓起身，热情接待了我，他就是我国著名的生物学家、复旦大学教授、我校著名校友，已经是 87 岁高龄的王鸣岐先生。我们的话题自然从母校河南大学谈起。20 世纪 30 年代，王鸣岐从母校毕业，1939－1946 年担任河南大学农学院农学系主任。半个多世纪以来，一直从事学术研究和教育工作，为祖国学术与教育事业做出了突出贡献。他时刻关注母校的发展建设，1991 年 5 月，王鸣岐先生向母校捐赠 5 万元人民币，作为奖学金（后来学校专门设立了王鸣岐奖学金），以表示对母校的眷恋和热爱之情。

春节之际，王先生不顾年迈天寒，从上海专程赶回母校，带病讲学,并在母校度过了一个简朴而有意义的春节。谈起母校发展,恰逢前来探望的已经90高龄的于安澜教授(1902—1999年,原名海晏,字安澜。著名语言文字学家、书法家、画家。河南滑县人。入中州大学预科,后考入燕京大学研究院专攻文学、声韵学,1949年定居开封,执教于河南大学。他的《汉魏六朝韵谱》填补了我国音韵史上的一段空白),两位老友见面格外激动,紧紧相拥。

他们从母校流亡迁徙镇平、潭头等地一幕幕往事场景到学校建校80周年校庆谈起,忆往昔,辗转漂泊,风风雨雨,峥嵘岁月,感慨万千。

我静静在一旁聆听,默默体味。面对德高望重的王先生,我邀请先生对母校即将到来的80周年校庆写几句话并题字留念。先生欣然应允,给我留下宝贵的一封信件。现摘录如下,以表达对王鸣岐老校友的敬仰与怀念之情。

信件内容摘录:

## 母校校庆庆祝辞

王鸣岐

今天是河南大学建校80周年,我作为河南大学一个老学生和一个老师参加盛会,在此,我特别向母校全体师生员工致以热烈的庆贺!

河南是我的家乡,河南大学是我的母校,"每逢佳节倍思亲",在参加庆祝母校80周岁之际,我的心情非常激动。

我在母校1932年毕业,之后以公费去美国明尼苏达大学研究院,1937年获博士学位后,当时正值我国抗日战争——"七七"事变,我婉言谢绝导师 E. C. Stakman 留我在校任教，并说我宁死在敌人炮弹下，也绝不愿离开国土……随接受导师要我在美欧著名大学参观和访问著名教授后，于当年11月底回归回校。我虽在母校任教只有11个年头（1937—1948年），但八年抗战的出生入死和出死入生地从镇平－潭头－荆紫关－宝鸡的频频迁校，直到日本投降复原开封后又大力投入到建校建院的工作。

王鸣岐

母校学风是艰苦朴素的，母校同学是聪明勤奋的，母校的教师是热诚踏实富有开拓性的。这时同学们的成长对祖国的未来是有非常深远意义的。老师们，同学们，我希望在当前改革开放的大好日子里，发扬光大保持母校自己的特色，本着继承、发展、改革、创新的精神实质，为社会主义教育事业，把学校办得好上加好而做出贡献。

王鸣岐先生从10岁读"四书"到后来从事生物科学研究，历经半个多世纪的奋斗、探索、实践，得出一个人生哲理，那就是，在学术领域里不论从事社会科学还是自然科学，都必须牢记理论与实践相结合的原则，无论干什么，不能只停留在口头上，必须实事求是、亲身践行，只有躬行才有可能有所作为、取得成功。这也正是"四书"的精髓。有感于此，王先生意蕴深长地欣然命笔，勉励、教导于我，将王先生勖勉之词录于后，以共勉。

题词：
河南大学校长办公室文科校友，要坚持认真学习，要实事求是，理实兼顾。具体讲要：

博学之，
慎（审）问之，
慎思之，
明辨之，
笃行之。

校友王鸣岐

录自四书

1992年2月4日新春佳节

如今28年过去了，母校即将迎来110岁生日。每每路过明伦校区校内"明园"招待所先生入住过的旧地，都会驻足静心，默默凝望，忆起与先生的晤面交谈，先生和蔼可亲，如师如长，音容笑貌犹在……

2021年3月25日明伦校园

## 明伦之约——走近画家丁中一先生

> 如果没有艺术，世界将会暗淡无光。
> 艺术是人类独有的创造、智慧与灵感。
> 河南大学，人杰地灵，卓代风华，
> 是一片艺术的沃土。
>
> ——题记

2023年5月23日，初夏时节，微风煦煦，阳光正好。中午时分，与丁中一先生电话预约后，我来到先生居住的仁和家属院，一开门，满屋书香，室内地上堆满了书画，略显狭小的客厅里，丁先生和夫人热情接待了我。

眼前的丁先生略显清瘦，那渐渐弯下去的腰身，自然卷曲的发型，近视镜片上层层晕圈，虽已耄耋之年，看起来心清气朗，思维敏捷，步履稳健，给我留下深刻印象。

丁中一，1937年3月出生于上海一个书香门第。父亲早年毕业于刘海粟创办的上海美专。他自幼便受到父亲及中国传统文化与绘画艺术的熏陶，聪颖勤奋，才气卓凡。上小学时，他便对绘画有浓厚兴

2023年5月作者与丁中一先生在明伦校园留影

趣，9岁始握画笔。1951年，年仅14岁的他就创作并发表连环画《团队的旗帜》（内容为苏联作家波列伏依反映反法西斯斗争的故事，由北京人民美术出版社作序出版）。1955年9月考入浙江美术学院（现中国美院）中国画系。1960年毕业后入河南工作，先后在郑州艺术学院、上海美专、河南大学艺术学院工作。为河南大学美术学院教授、硕士生导师，中国美术家协会会员，河南美术家协会副主席，河南省国画家协会名誉主席，河南省文史馆馆员，河南省优秀专家。曾出席全国第六次美术家代表大会，全国第七、八次文代会。

丁中一先生几十年如一日，笔耕不辍，佳作频出。他的中国画作品《八大山人》入选全国七届美展；《虚谷先生》入选全国八届美展优秀作品展；《青藤山人徐渭》入选全国九届美展，为中国美术学馆收藏；《石涛》入选"97全国中国画人物画展"；《冬心先生》入选"纪念毛主席延安文艺座谈会讲话发表60周年全国美展"；《往昔》入选第十届全国美展。1993年以来，在中国台湾、德国先后5次举办个人画展，在中国美术学院、上海、杭州、郑州多次举办个人画展。

先后出版有专著《素描技法论要》《丁中一西部写生画集》《丁中一艺术论集》《岁月如歌·丁中一美术作品》《丁中一画集》等画册画论集。

丁先生从事艺术教育与创作六十余载，专心教学，潜心钻研画法技法规律，心无旁骛，勤于画耕。其作品多以平凡人物为主，他独特的审美视野，细腻简约的表现手法，点线面完美的结合，形成独具一格的"丁氏"画风。

丁先生的水墨人物画，源于江南文人画精神的天性，点线面水墨语言的绝妙运用，勾勒出虚静空灵旷远悠然的艺术哲思，审美情趣与意境，画幅中仿佛隐藏着一个不可捕捉的精灵。

丁先生的山水画，笔简意赅，蹊径独具，平淡悠远，一派天籁，以淡取胜。可谓"冗繁削尽留清瘦"（袁汝波），也彰显丁先生胸有万壑、成竹在胸、虚实相生、炉火纯青、点笔成金之精妙笔力！

丁先生除人物画、国画山水之外，花鸟、水彩、粉画、装饰画和版画均有涉猎，他把西方素描元素融入国画创作，博采众长，厚积薄发，探索求新，不断超越，在艺术的王国里自由徜徉。

丁先生虽出身东方都市，但其作品选材多以北方普通农民人物为主，他认为是北方这片沃土、风土人情滋养了他的艺术灵感，不断淬炼形成自己独有的画风；他笔触下捕捉到的普通人，他们脸上有戏，身上有历史，有故事。丁先生的作品善于把具体的人物形象熔炼为精神性的写意符号，丰富拓展了意向人物画的内涵与境界。

"你看他每一个形象都那么生动，好像肌肉都会动起来，这才是大师！"

艺术，在于天地山水人物之间。

艺术，源于真实的生活与感觉。

艺术，在于心有灵犀。

艺术的内涵与价值，在于天然物象与心灵的自然相通。

艺术最好的感觉是遇见。

2023年5月25日上午，细雨蒙蒙，凉爽宜人。笔者与丁中一先生相约走入《静音沉璧》工作室，一起畅谈艺术教学创作与人生。

从20世纪50年代至今，丁先生从家庭、求学、任教、创作与实践，谈自己的人生与感悟。60余载的艺术教育与创作生涯中，他平易温和，严谨执着，悉心施教，奖掖后学，桃李满天。他心中始终充满对艺术的无限热爱，孜孜以求，至善至美，永无止境。

艺术总是给人以想象与灵感，智慧与启迪。

丁先生说：人生有很多机遇，关键的时刻只有几步，要主动规划把握好。人一生要集中精力至少做好一件事情。

丁先生说：学画画是一门艺术，需要基础和天赋，老师只是作为引领者让其具有的独特绘画天赋转变为作画能力。

丁先生说：唱歌需要一副好嗓子，画画首先要学好素描。素描是西方的一种画技与工具，要吸收其精华，悟其道，会其意。

丁先生说：画人物不能在似与不似之间。要捕捉形象神态，抓着眼球的变化，求实求真。

丁先生说：艺术是人类一种智慧与创造，是社会文化活动的精神需要。

丁先生说：艺术是不能重复的。

丁先生说：一艺之成，当尽毕生之力！

丁先生说：多想好事，少发愁，保你活到九十九！

丁先生——儒雅、缜密、谨严、求真，执着、勤朴、睿智、乐观，淡雅、清朗、从容。

丁先生——对艺术，精益求精；对学生，诲人不倦；对人生，通

作者与丁中一先生等在《静音沉璧》工作室合影（自左至右张一鸣、杜俊容、王文科、丁中一、宋梦妍）

2023年5月作者与丁中一先生在《静音沉璧》工作室访谈

2023年5月丁中一先生于艺术楼前

达乐观。

书法家赵振乾教授这样评价丁先生：

丁中一先生是我尊敬的大先生，其艺术成就早已享誉中外。自1960年中国美术学院毕业到河南大学（其间1958－1962在河南艺术学院）任教，培养了众多的优秀艺术人才，遍布祖国的城市和乡村。对河南乃至全国的艺术教育可谓功莫大焉。这是河南大学学子之幸，河南画坛之幸。

丁先生的艺术呈现可谓两个极致。一是简远，用极少的笔墨昭示出天地无限。代表作品《八大山人》《青藤山人徐渭》等系列意笔人物和冷逸不群的山水、奇崛的线条、简括空灵的构图，充分体现了笔墨的精髓和中国绘画之精神，意境深远。画作如其人，一派仙风道骨。二是融贯中西，先生耄耋之年，仍然笔耕不辍，上下求索。在人物表现上，将中国传统的文化精神与西方造型表现方法融会贯通，人物形象刻画精妙入微，生动感人。其艺术功力之深，常常令观者赞叹不已。

正如河南大学美术学院院长席卫权教授所述：

丁中一先生1937年生于沪，1960年毕业于浙江美术学院中国画系，同年赴河南执教美术。他有着上海人的认真习惯，做事讲究，精益求精，对待教学和专业十分勤勉、专注，一生为艺，见解独到，可谓艺高为师；为人处世内外如一，求真务实，不虚浮、不世故，朴实待人、厚爱学生，典型的知识分子做派，堪称德高为范。简言之，丁老师潜心艺道、融贯中西，成就斐然，桃李芬芳，是一位画坛公认的大画家、师者之师，为河南美术事业和高等艺术教育的发展做出了杰出的贡献。

"一位追求理想人生境界的艺术家，一位试图融通南北气质的艺术家，一位坚持把人物画传统走下去的画家，一位平易近人而心地善良的长者。"（朱德华）

丁中一，如其名，简约清逸，出人意表。为艺术，为人生，一如既往，始终如一。

丁中一，妙手丹青，一代"画翁"，画坛之圣。

时间悄然记录跋涉者的脚步，传递真善美。

时至中午，雨后清新。两个多小时的访谈意犹未尽。夏日，午间的明伦校园，人流如织，送丁先生返家途中一同漫步，路经古朴庄重的南大门,绿荫丛中的预校门,铁塔为邻的艺术楼前,留下美好的瞬间与回忆。时光匆匆,眼前的丁先生依然是那样,清静如水,淡泊从容,如诗如画……

时光如画,岁月如歌。

愿丁先生艺术之树常青!!

2023 年 5 月 23 日初稿

2023 年 5 月 28 日、6 月 2 日明伦校园再稿

# 三 | 情志篇
QINGZHI PIAN

作者作品《郑州龙子湖校区河南大学南大门》

## 母校，109 岁生日快乐

2021 年 9 月 25 日，是母校河南大学建校 109 周年。

1912－2021 年，历经 109 个春夏秋冬，一个多世纪的历史跨越，她筚路蓝缕，办学不辍，饱经风霜，艰难困苦，玉汝于成。

经过几代人的探索拼搏与实践，逐渐形成了"团结勤奋，严谨朴实"的河大校风。记得 2002 年在河南大学建校 90 周年前夕，时任校长关爱和教授把河大精神凝练成：前瞻开放，面向世界；坚持真理，追求进步；百折不挠，自强不息；广纳贤才，延揽名师；海纳百川，兼容并包；不饰浮华，严谨朴实。

至此，"百折不挠，自强不息"便凝练成为河大办学精神的内涵与精髓，也逐渐成为人们的共识。岁月的年轮，历史的沧桑，百余年的变迁，将这所学校雕刻成为一座见证中国高等教育的历史丰碑。河南大学是一所具有传奇故事、令人敬仰的世纪大学。

我入校时母校 69 岁，至今已陪伴她度过了 40 个生日，历经 14600 多个日日夜夜，风风雨雨，同甘共苦，朝夕相处，陪伴与见证，艰难与辉煌，成功与喜悦……至今，无怨无悔，感到无比欣慰与自豪。此刻，我想对您说：母校，109 岁生日快乐！！

清晨，沐浴着绵绵秋雨，我们从金明校区乘车赶往郑东新区的龙子湖校区参加新校区启动仪式,共同见证在学校百年发展史上具有划时代意义的时刻。下车后,我们缓缓步入龙子湖新校区,巍峨壮观的河南大学大门映入眼帘,门楣上"明德新民,止于至善"的校训仿佛把人们的记忆带回到历史的久远,百年云烟和那些峥嵘岁月。

广场中央,屹立着校友但斌捐赠的一块上亿年经过雨水洗涤的影壁巨石,尽显庄重、内敛、肃穆与大气。伫立校园,静静回忆,印象中,连续多年,每逢校庆时日总是雨水连绵,可谓是风调雨顺。时至中秋,今年的校庆日依然是秋雨蒙蒙,与往年不同的是,隆重简约的校庆庆典与龙子湖新校区启动仪式一并举行,更可谓是双喜盈门、喜气洋洋、天时地利、惠风和畅,在河南大学历程中独具里程碑式纪念意义。

如今的龙子湖校区,位居贾鲁河畔,占地136公顷,规划建筑面积为132.8万平方米,总投资61亿元。于2012年6月开工建设,目前已完成在建面积33万平方米,可满足5000人入住。校园建筑风格以明伦校区为基调,典雅、大气、质朴、厚重,它采明伦校区之元气,集金明校区之大气,融郑州龙子湖之灵气,展历史与现代交融之豪气,是一所独具特色的高水平、国际化、信息化"智慧"校园。

启动仪式隆重简约而新颖,在刚落成的九章学堂举行。由卢克平书记主持,宋纯鹏校长致热情洋溢庆典贺词,学校曾任校长王文金、关爱和、娄源功,现任校长宋纯鹏,四位校长共同为校庆110周年倒计时一周年牌揭幕。随着"实现百年名校振兴,建设世界一流大学"卷轴启动,大厅内礼花漫舞,笑语声喧,新家园,新梦想,新期盼,在人们的庆祝与欢呼声中郑州龙子湖校区正式宣布启用。之后,举办了一场"建设一流大学,实现百年名校振兴"论坛。回顾历史,规划蓝图,立足中原,育栋梁,筑高峰。

三 | 情志篇

2021年9月25日河南大学109周年校庆暨郑州校区启动仪式
自左至右娄源功、关爱和、王文金、宋纯鹏

九章学堂

影壁巨石(校友但斌捐赠)

站在新的世纪百年起点,谋划与奋斗,使命与担当,已融入并植根于这所大学，成为不竭之动力。让期待变为现实，让梦想插上奋飞的翅膀，为打造中原高等教育的新高地，百年河大，千年铁塔，精神文脉，代代相传，直挂云帆，乘风破浪，笃行致远，春风化雨，桃李芬芳，携手共进，一路高歌，再铸百年名校之辉煌。

"嵩岳沧沧，河水泱泱，中原文化悠且长。济济多士，风雨一堂，继往开来扬辉光……"莽莽中原，大河奔流，物华天宝，人杰地灵。

一座大学，植根于中原这片沃土，承载历史重托，满怀高等教育之希望；一路高歌，向着明天，向着太阳，向着新的百年，扬帆，启航；扬帆，启航……

让我们共同迎接明年，2022 年 9 月 25 日，期待母校建校 110 周年！

2021 年 9 月 25 日于明伦校园

## 秋雨,吹落一片思绪

> 自古逢秋悲寂寥,我言秋日胜春朝。
> 晴空一鹤排云上,便引诗情到碧霄。
>
> ——刘禹锡

又是一场绵绵秋雨,陡然间添了几许凉意。随着蝉鸣声渐渐消退,凝望夕阳下飘片片秋叶,缕缕思绪被秋天萦绕。

秋风徐徐,满地橘黄,一夜入秋。秋天,已将草木万物染成了金黄;秋天,真正开启了季节的清爽;秋天,让人们静静思索;秋天,让人们慢慢回味。或许是生于秋天的缘由,尤其喜欢秋天的凝重、静谧、澄澈、空灵、挚诚,喜欢秋天的变幻与色彩。当面前的绿色渐变为淡黄、橙黄、金黄,当秋风阵阵、秋雨绵绵时,丝毫不觉得"秋风秋雨愁煞人",而更觉"秋草能为春草新"。

秋风秋雨是给刚刚过去的酷暑盛夏吹风纳凉,让季节安静,让万物更新,让岁月静好。在这个季节,可以让思绪在秋风中随落叶飘扬,让秋雨洗涤疲惫与倦意。累了,可静赏秋夜明月,与月光独白,或者独步于涧水小溪,听虫鸣溪水,心与自然对话,与万物交流,将

作者作品《秋风》

作者作品《秋韵》

心回归于安然。在秋天，学会思索，学会放下，学会适应，因为秋天过后，便是冬。历经春的播种、夏的耕耘、秋的生长，我们足以有信心笑迎下一个寒冬。岁月更迭，让思绪飘落大地，落地，生根，经过冬的孕育、春的萌动、夏的生长，收获秋天的累累硕果……

秋雨，吹落了一片思绪，任思绪在秋风中飞扬。

秋天，一个金黄的季节。

秋天，一个安静的季节。

秋天，一个成熟的季节。

秋天，一个希望的季节。

**2021 年 10 月 5 日晨于深秋明伦校园**

## 遇见美好

世间美，美在日月星辰，山川小溪，河湖森林，百兽鸟语；美在春有百花夏有月，秋有百果冬有雪。月落星沉，四季更迭，草长莺飞，万物相生，周而复始，源远流长……

世间美，美在绚烂的阳光，清新的空气，灿烂的文化，凝固的建筑，动听的音乐，绚丽的服饰，诱人的美酒佳肴……

法国著名雕塑家罗丹曾说："世界上不是缺少美，而是缺少发现美的眼睛。"

世间美，美在于欣赏。怀着欣赏的眼光看世界，世间皆美。怀着欣赏的眼光看别人，人间便充满信任。怀着欣赏的眼光看自己，生活便充满自信。怀着欣赏的眼光看工作，人生便充满理想。怀着欣赏的眼光看生活，生活便充满阳光。

世间美，美在于机缘。人生，唯有心存美好，美好便处处可遇。人生，若存感恩之心，世间便充满爱。人生，遇事不要轻易错过，错过了就再也不会遇见；不要轻言放弃，放弃了就永远不会再来；不要轻易许诺，许诺了就必须履行诺言。

作者作品《斋房·小径·桃花》

世间美,美在乎身,在乎心,在乎乐。

吾言人间有四宝——乐观之心态,科学之锻炼,充足之睡眠,合理之膳食。至此,心灵纯净,身心无忧。

吾言人生有三简——广厦万间,卧席一榻。美味佳肴,不过三餐。豪车名款,皆为代步。至此,人生无羁绊,至简至约至纯至美。

吾言人生有三部曲——淡忘过去,把握当今,憧憬明天。至此,一切美好使不期而遇。

吾言人生有三境界——静赏花开花落,漫看云卷云舒;品茶酌酒赋文章,闲庭信步话沧桑;遇挫不折,历久弥坚。至此,人生便充实丰盈,宁静淡泊,志存高远。

世间美好,等待遇见。

世间美好,随处可见。

世间美好,一切可见。

作者作品《格桑花开》

我们都是人间过客,路过最美人间,珍惜每一天日落日出,珍惜每一季花开花落,珍惜生命中的每一份温暖,珍惜人生中每一次美好遇见。

2021 年 10 月 10 日晨于汴

## 澳大利亚掠影

穿越我国古人的"枯藤老树昏鸦,小桥流水人家,古道西风瘦马。夕阳西下,断肠人在天涯"的凄美意境,感悟历史与文学中的美妙,在历史与现实、未来与梦想中能有一次大洋洲之行,领略域外文化、自然风景、季节之变幻、时空的神奇与奥妙……

前些年,终于有机会踏上了梦想之地,地处南半球的国家——澳大利亚,东濒太平洋的珊瑚海和塔斯曼海,西、北、南三面濒临印度洋,由新南威尔士州、维多利亚州、昆士兰州、西澳大利亚州、南澳大利亚州、塔斯马尼亚州组成,首都堪培拉。这是一块神奇的土地。在地球的板块上,其形状好似一只体态丰盈的绵羊,768万平方公里的辽阔地域,时有人口2280多万,可谓典型的高度城市化的国家,也是世界上比较适合人类居住的地方之一。澳大利亚人均寿命80.2岁,是世界上人均寿命较长的国家之一。

从北半球跨越赤道来到南半球,在这里,骤然间感觉一切都在发生变化,刚刚还在北半球炎炎夏日里,走下飞机,便被凉凉的冬意环绕。时间也会比北京时间提早两个小时。这里的阳光、空气、蓝天、白云、植被、牛羊、牧场格外清新,有随处可见的袋鼠、可爱贪睡的考拉,幽静的田园中散落着的葡萄酒庄园,似一幅天然的风景画。

作者作品《踏浪》

澳大利亚地大物博,仅绵羊就拥有14亿只,人均7只,当之无愧为"骑在羊背上的国家"。这里还有世界五大奇迹,如世界最大的自然景观——大堡礁、世界最长的沙滩海岸——黄金海岸、世界七大建筑奇迹之一——悉尼歌剧院等。1956年的第十六届、2000年的第二十七届奥林匹克运动会先后在这里举行。早在1850年,这里诞生了澳洲第一所大学——澳大利亚国立大学,开启了澳洲高等教育文明的先河。

澳大利亚称得上是奇妙之洲、魅力之洲、梦幻之洲。

这是一座世界建筑史上的坐标与丰碑。1932年,悉尼港湾大桥落成,恰似一串美丽的音符,穿缀在杰克逊海湾。悉尼歌剧院1959年动工,历时14年,耗资12亿澳元,由当时38岁的丹麦设计师约

作者作品《贪睡的考拉》

作者作品《袋鼠》

瑟·伍重先生设计的这座现代化建筑，像一串散落的贝壳镶嵌在海滨，为悉尼这座大都会平添了几分神秘与迷离。建筑设计师伍重先生因此获得普利兹克世界建筑最高奖。置身于歌剧院拥有2500个座位的多功能厅，听一场高端的音乐会，看一场土著人表演的舞蹈，内心充满异域风情。走近歌剧院，用手轻轻抚摸建筑肌体，艺术的神圣与灵感萦绕心田。蓝天上云朵飘飘，海鸥翱翔，海湾涛声阵阵，海风拂面，如梦如幻，如痴如醉……

悉尼的美在于她的夜色，而歌剧院也正像这夜色的眼睛。不曾想象，这里曾经是贝朗岛一个运煤码头，在设计师的手中，跃然成为一首凝固的音乐和千古乐章。在悉尼港湾，她像一朵开放的莲花，又如镶嵌在海滨的片片贝壳，还似一艘扬帆的航船，艺术的感觉在于此，艺术的想象在于此，艺术的魅力在于此……

这是一座世界上公认的最宜居的城市，这是一座澳洲最冷且四季分明的城市，这是一座体育的王国、教育的王国，这是令墨尔本人最骄傲的地方。这座1834年建市、拥有170多年历史的城市，具有前瞻开放的理念，1841年即勾画了城市设计蓝图，当初的纵横九条街，至今仍是城市的主体框架。尽管它没有悉尼歌剧院的建筑奇迹、黄金海岸的美丽沙滩，但它是令人自豪的维多利亚的首府。

这座400万人口的城市，拥有城市花园近500个，可谓名副其实的花园城市。这里有澳洲名列第一的墨尔本大学，其学术排名位居世界第60位，主要衡量指标包括学生人数、诺贝尔奖、菲尔兹奖、研

作者作品《悉尼歌剧院》

作者作品《蓝天之梦》

究人员数量、自然科学领域发表论文数量等。自1851年机场附近发现金矿，这里便成为全世界淘金者的向往与梦想之地，金色也成为这座城市的主色调。

2002年，墨尔本与加拿大温哥华并列成为全球宜居城市；2011年，全球宜居城市出炉，墨尔本又拔头筹。这项由英国《经济学家》杂志发布的全球宜居城市排名报告，对全球140座城市从五个指标——治安、医疗、教育、公共设施、文化与环境调研评估产生，足见其魅力十足。

墨尔本，四季温馨，花草簇拥，幽静古朴；墨尔本，一种安静恬淡的生活节奏与频率；墨尔本，一座永远令人神往的城市味道……

在企鹅岛，临近傍晚，一群小企鹅童话般从海里浮出，领头的企鹅先上岸观望，确定没有危险才向同伴们发出安全信号，然后清点数量，才陆续上岸，各自归巢。小企鹅经过一天的海中觅食，把捕来的鱼虾含于腹中，拖着笨重的身躯，一路蹒跚，满载而归。而家中的配偶、儿女，已早早在家门口守望，并发出特有的鸣声，传递亲情。

可爱略显笨拙的小企鹅，那娇小的生灵，蕴含极大的能量，见证着世间最忠贞的大爱与亲情。

澳大利亚归来，脑海中挥之不去的尽是蓝天、白云、海鸥、黄昏的异域风情，与华夏大地古风古韵交汇在一起，描绘出一幅绚烂多彩的画面。我不由得想起《敕勒歌》：

*敕勒川，阴山下，*
*天似穹庐，笼盖四野。*
*天苍苍，野茫茫，*
*风吹草低见牛羊。*

那悠远，辽阔，苍茫，遒劲……
领略澳大利亚民歌《剪羊毛》：

白云从天空飘临。洁白的羊毛像丝绵。锋利的剪刀咔嚓响，幸福生活定来到……

蓝天白云缥缈，迷人的彩虹闪耀，眺望无垠的草原，倾听那欢快起伏活泼的旋律，尽享劳动之美、自然之美。试想，如今的澳大利亚，如能真正地融入"世界共同体"的大潮，才是真正的自然美、和谐美！

2011 年 8 月初稿<br>
2021 年 10 月改于河南大学明伦校园

三 | 情志篇

## 季节的风为你吹拂

林花谢了春红,太匆匆。无奈朝来寒雨晚来风。

——李煜《相见欢》

作者作品《秋色》

上图 作者作品《冬暖》

中图 作者作品《摇曳》

下图 作者作品《报春》

季节的风，吹掉了落叶，吹落了日历，吹散了记忆。旧岁谢幕，时光荏苒，无片刻停留。

世间，我们拥有大自然的馈赠，历经四季更迭，尽享日月之美，山川之美，万物之美，生命之美。春有百花，夏有月，秋有百果，冬有雪。

春，可以看万紫千红；夏，可以听蝉赏莲；秋，可以尝百果观红叶；冬，可以踏雪围炉观雪花漫舞。

四季的风，有春的和煦，夏的热烈，秋的柔情，冬的冷峻。春天，勤于耕耘；夏季，莫忘播种；秋季，尽情收获；冬季，不忘存储。

人生途中，须历经一场风，在风中张开双臂，敞开心扉，任风吹拂，吹去人生旅途的风尘，吹去烦恼、忧郁、困惑、彷徨，吹来淡定、善良、自信、从容。

让四季之风随心境变幻，任风陪伴，去看沿途最美的风景。人生如风，来去匆匆，须有所求，有所成就，也正如王国维《人间词话》所述，古今之成大事业、大学问者，必历经"立，守，得"三种境界。"昨夜西风凋碧树，独上高楼，望尽天涯路。"（晏殊《蝶恋花》）夜阑人静，可随风倚栏，寻立志之境界。"衣带渐宽终不悔，为伊消得人憔悴。"（柳永《凤栖梧》）守得住清苦，耐得住寂寞。"众里寻他千百度，蓦然回首，那人却在，灯火阑珊处。"（辛弃疾《青玉案》）踏破铁鞋无觅处，得来全不费工夫。

也正如冯友兰先生倡导的"自然，功利，道德，天地"四种境界，历经沧桑，栉风沐雨，千锤百炼，方得始终，到达人生圣境。

任风拨动四季琴弦，弹奏人生交响。

任风吹起风帆，在人生海洋中扬帆远航。

任风吹拂，从容淡定，不恋过去，不惧当下，不愧未来。

风吹斜阳时，看云卷云舒；云淡风轻时，闲庭信步。

只要心有阳光，便是人生四季温柔之风，最美之风。

2021 年 11 月 26 日初冬时节

## 冬之约

当秋叶散尽,北风乍起,冬季飘然而至。

隆冬季节,那漫天飞舞着的雪花,是万木萧萧之后对季节的装饰,是大自然智慧和灵感的化身。雪花徐徐落地,给大地披上素颜,那是在大地与天空间描摹一幅冬天的童话。大地是冬天的肌肤,山川是冬天的血脉,风是冬天的心脏,冰是冬天的筋骨,而雪便是冬天的灵魂。

我们与冬有约——

冬天里,可堆积想象中的雪人,任其随暖阳慢慢融化,化为大地上的一片圣洁。

冬天里,可以踏雪寻梅,留下串串美丽的脚印。

冬天里,雪花漫舞,可以"围坐红炉唱小词,旋篘新酒赏新诗"。

冬天里,心境怡然,便会遇见美好时光正等待自己。

冬天里,给自然万物留下许多美景。

看——

冬雪中,皑皑雪山,冰雪中的男神,尽显刚毅与挺拔。

冬雪里,人们五颜六色的服饰,如玉,如珠,如歌,如画,那是冬天对冰冷世间的馈赠。

作者作品《书趣》

冬雪里,有袅袅升腾的炊烟,那是描绘童话世界的蜡笔。

冬雪里,有顽强觅食的小鸟,那是生命的使者在追寻春的生机。

冬天里,可以漫步雪中,听脚下踏雪那"咔哧,咔哧"清纯的乐声。此刻,抛却一切烦躁,留给自己一片洁白的天空,把整个心境安放在洁白的冬季,一切回归于安然、恬静,心里便会有了对春天的憧憬。

冬天里,可以尽情泼墨,在雪域描绘一幅五彩斑斓的人生画卷,留下冬天美好的印记。

冬天里,可以尽情畅想,放飞自我,随心吹奏一部春天的序曲。

冬天里,可以掬一捧雪,许下一个愿望,为来年春天编织一幅耕耘图。

冬天里,可尽享万籁俱寂,风花雪月,山高水长,时光清浅,岁月沉香。留给岁月一个回眸,风景依旧,故人依旧,初心依旧。在淡淡的时光里,看季节之变幻,赏自然之更替,享人间之美好,抒写生命之灿烂。

大雪初霁,冬日暖阳映照茫茫雪地,那便是雪中一道美丽的彩虹。

冬天里,人人都有一幅属于自己的童话,有一段风雪中飘逸的故事,有一道美丽的雪中彩虹。

相约,

美丽的冬,赏尽雪景。

只是,

别忘了赶路……

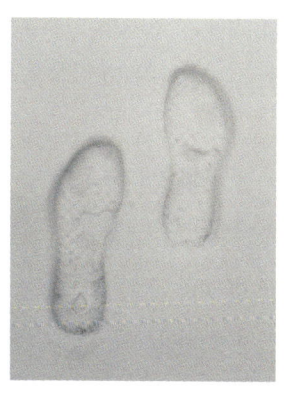

作者作品《足迹》

2021 年 11 月 20 日小雪时节初稿

# 冬日暖阳

当秋天的落叶飘零,当大自然界姹紫嫣红渐褪,当鸟语花香渐远,当万木萧条,白雪皑皑时,冬天来了。

冬日里,我们可以拥有一份特殊的馈赠——可尽享那一份寒冬里的暖阳。

也许只有冬日,阳光才如此珍贵。

也许只有冬日,阳光才如此饱满。

也许只有冬日,阳光才如此宁静。

也许只有冬日,阳光才如此温暖。

历经冬的萧瑟,才知道百花争妍的芬芳。

历经冬的彻寒,才知道夏的热情。

历经冬的洁白,才知道秋的色彩与厚重。

历经冬夜的长,才更珍惜每一天升起的绚烂阳光。

冬天,可以静静思考,把所有的思绪抚平;冬天,可以储备能量,蓄势以待。冬夜,可以掌一盏灯,沏一杯茶,温一壶老酒,在那静静的夜色中赏灯,品茶,酌酒。让我们把所有的烦恼忘却,开启春天的记忆,迎接明天的太阳!

无论是长夜漫漫，或者是冷雨冰霜，只要心向太阳，就没有寒冰；只要心中有光，就没有畏惧；只要心存渴望，就一定有生命与力量的交响。

德国诗人海涅说：冬天里逝去的，春天一定会还你！

作者作品《开封·彩虹桥夜景》

作者作品《春江水暖》（金明校区）　　作者作品《冬天之梦》

2021年11月2日晨

静音沉璧

## 晨阳如歌

每天,当第一缕阳光降临,清晨,窗外啾啾的鸟鸣声响起。此刻,开一扇窗,呼吸一口早晨清爽的空气,让阳光透进,打开心扉,随晨光开启新的一天。大自然奥妙无穷,生命伟大而神奇!

作者作品《东城墙·晨光》

**作者作品《金明·花径》**

其实，生命本就自然，生活本就平凡。在平平淡淡的一天中，感觉生命之美妙，生活之美好。把每一天第一缕阳光都当成生命的开端，把每一天的晨光当成一年的美丽时光，把一切忧郁困顿抹去，让喜悦随阳光蒸发飘散，让一切回归自然。

时光，不因我们的心情好恶而停留；阳光，不因我们的存在而改变。所以，我们当坦然面对，不为过往所拘，不为点滴所囿，在晨光熹微中呼吸，在微风轻拂中漫步，在花香鸟语中吟唱。把生活当成一首诗、一幅画、一首歌。心如晨光，生活便如诗如画如歌，生命线便随美好而无限延长……

阳光不曾吝啬，生活如此美好，我们没有理由埋怨。生命如此短暂，我们没有时间顾盼。不负寸阴，不负每一缕阳光。诚然，自然生活中也会遇到阴霾、风雨和没有阳光的日子，此刻，只要把愉悦写入天空，让阳光融入心际，温馨总会时刻伴随，心与气一起搏动，与阳光一起绽放温暖。

心若在，阳光在！

古希腊哲学家赫拉克利特曾说："太阳每天都是新的！"

终当有一天，我们能面对阳光，赤裸、坦然并无愧地说：我苦过、累过、哭过、喊过、伤过、痛过、笑过、乐过、迷茫过、懒惰过、虚荣过、幸福过、感动过……但我不曾辜负过每一天的阳光。此刻，人生与生命便得以净化、浓缩与升华。此为人生真谛！

2021 年 12 月 31 日岁末 于河大

## 相约每天看太阳升起

三月里，草长莺飞，是一个多彩、最能让人联想、思绪翩翩的季节。

三月里，光柔气爽，春风拂面，杨柳依依，桃李竞放。

烟花三月，又是一年春好处。三月里，可遥看草色，近观翠柳，听溪水潺潺、鸟鸣声声。三月里，可让春风轻拂。

人生——过而立、越不惑、迈天命、奔花甲、近古稀……一路奔波。时光，太匆匆……

人生，以为来日方长，其实世事也无常。

人世间，有许多美好。朋友，如花香淡雅，似美酒飘香。

人世间，朋友每一次见面都是一次欣喜。

孝敬父母，看望陪伴，无须等待，启程即好。

与亲朋重逢，无须不醉不归，小酌即好。

生活中有纠结，淡然一笑，轻轻放下会好。

小小失误，无须过度自责，改纠即好。

作者作品《生长的力量》（明伦校区）

无论同事或家人，以欣赏眼光看别人，会如花似蕊。凡事，莫计较！

心情坦然，世间皆美好，人生皆风景，莫错过！

也许当新的一天，洒满阳光的早晨，有人已留在了昨天。真的，明天和意外不知哪个先来。幸运与灾难都是瞬间的过眼云烟。不留恋，不纠结！

每一个时刻都可以选择尽情歌唱，莫惆怅！

每时每刻，心向阳光，让春色染心，让诗意从容。一边赏景，一

三 | 情志篇

上图　作者作品《心中的田园》（外景）

中图　作者作品《心中的田园》（金明校区）

下图　作者作品《心中的田园》（外景）

作者作品《大礼堂广场的第一缕晨光》

边歌唱,一边赶路,在春风里奔跑,在春天里徜徉。

太阳,每天都在等我们升起,莫辜负!

让我们与春天相约,每天早晨,拥抱黎明,起来一起看冉冉升起的太阳……

2022 年 3 月 22 日晨 7 点乘校班车草就

2022 年 3 月 24 日修改于明伦校园

## 人生、信仰、力量——由李大钊与卓娅所想

时常想,何谓人生?人来到世间,人的生命无外乎两种表现形式,即自然生命、精神生命。若徒有自然生命,无疑酒囊饭袋,行尸走肉。人,更需要精神生命,需要心灵境界与信仰支撑。有了信仰的人生,就不会有黑暗与孤单、彷徨与迷茫。

偶尔,脑海中会浮现两个奇特的场景——卓娅、李大钊这两个不同地域、不同国别的名字,闪现出两个相似的悲壮画面。20世纪三四十年代,第二次世界大战期间,苏联卫国战争中,面临强大的德军入侵,大片国土沦陷,在国家民族生死存亡之际,以卓娅·科斯莫杰米扬斯卡娅为代表的热血青年,勇敢站出来,奔走呐喊,唤醒国家的血性,挑起民族命运不屈不挠抗争的重任,为了国家自由主权,毫不吝啬,抛洒热血与生命。卓娅牺牲后,德军把她的尸体吊在绞刑架上一个多月,后来德军仓皇逃跑时才匆匆将其掩埋。当苏联红军挖掘出卓娅遗体时,惊讶地发现卓娅一侧乳房已被割掉,眼睛也被戳瞎,一根绳索套在脖子上,这场景令人极度震撼。

《卓娅和舒拉的故事》成为激励几代人的经典。

静音沉璧

20世纪20年代，在世界东方，在中国大地上首先举起"十月革命"旗帜、马克思主义的传播者——李大钊，为了国家民族前途，为了"青春之中国"，为了"世界人类全体的新曙光"，坚信："试看将来的环球，必将是赤旗的世界！"1927年4月他被奉系军阀逮捕。他被施尽酷刑，双手指甲全被拔掉，但他大义凛然，坚贞不屈；22天后被刽子手施以绞刑，连续三次绞杀折磨，时间长达40分钟。李大钊用鲜血与生命诠释了对革命与共产主义的信仰与忠诚。

誓言

李大钊，为中国共产党人心中永远的敬仰！

两个人物、两个场景，何其相似，给人们带来极度的心灵震撼，他们有一个共同的名字——英雄！英雄，何其悲，何其壮，何其烈！！

民族需要英雄，人民需要信仰。信仰何在？在血脉，在心灵，在骨髓，在游离于身体之外的一种寄托、一种境界、一种自觉、一种潜能、一种渴求、一种向往、一种传递、一种宣言、一种承诺、一种期盼、一种释放、一种默契、一种忘我、一种升华。

人,一旦有了信仰,决不会言弃;有了信仰便意志如山,决不可撼动。你可以摧毁身体,但永远无法泯灭心灵的信仰。

世上,总有一些高贵的灵魂令人肃然起敬,令人敬仰。

很欣赏这句话:如果信仰有颜色,相信,那一定是中国红!

人民有信仰,国家有力量,民族有希望!

坚信,人生与信仰,无坚不摧,至高无上,至心灵,至生命,至灵魂!!

2021 年 12 月 29 日明伦校园初稿

2022 年 3 月 8 日、16 日再稿

# 五月榴红

五月，伴着季节的风，正扑面而来。

五月，群芳渐褪，石榴花开，万绿丛中，灿若烟霞，红艳似火，绚烂至极。可谓"浓绿万枝一点红"，正如唐朝元稹形容石榴花开时为"风翻一树火"。

榴红，红极一片天！

石榴花开之际，柔美的春天慢慢向我们告别，热烈的夏天正向我们招手。

开在春夏之交的石榴花——

花开淡雅，没有芳香，散发的是淡然与清新。

石榴花开点点，不与春争色，盛开的花瓣，似敞开的心扉，静美、坦荡、自然。

石榴花开短暂，不留恋，不矫饰，从容，优雅。

看石榴花随风摇曳，忽然觉得——

这季节，不能没有石榴花的盛开，不然，夏天会迟到。

这季节，不能没有石榴花的装点，否则，这秋天会寂寞。

这季节，没有石榴花红，就不会有晶莹剔透的石榴果。

三 | 情志篇

作者作品《石榴花·石榴果》

作者作品《校园一隅》

"七月流火,九月授衣。"(《诗经·国风》)石榴红,是对大自然的点缀与馈赠。

石榴花开,五月榴红,七月榴火,九月会是沉甸甸的石榴果。

石榴果,颗颗相抱,粒粒饱满,红灿灿,喜盈盈……

花开花谢,悄然而至,不染岁月风尘。

融入这个季节,看朵朵石榴花淡然绽放,把心随季节悄然放飞……

2022 年 4 月 4 日于明伦校园<br>2022 年 4 月 7 日再稿

## 明伦心语 —— 假如，能有三天光明

《假如给我三天光明》一书中，呈现的是海伦·凯勒、无声、无光、无语、曲折坎坷、孤独的世界与人生。

"假如给我三天光明"，海伦·凯勒会选择：第一天，我要看人，看他们的善良温厚与友谊；第二天，我要在黎明起身，去看黑夜变为白昼的动人奇迹；第三天，我要在现实世界里度过平凡的一天。

《假如给我三天光明》，这是一部"世界文学史上无与伦比的佳作"。

常常被海伦·凯勒这部自传体中的精神感动！

也许，我们生活在柔美的阳光之下——

永远体会不到没有阳光，人们眼中的那片黑暗与孤寂。

假如，我们闭上眼睛五分钟，体验一下没有阳光的黯然。

假如，我们把生命、阳光与时间揉在一起。

假如，一个人只有三天光明。

假如，生命可以三天倒计时……

假如，这样，每一天，每一刻，每一缕阳光，每一丝空气，都将成为生命中的奢侈品。黑暗将使人们更加珍惜生命，病痛会使人更加爱惜健康，寂静则教会人们领略喧哗的快乐。

**作者作品《白云与山峦》**

一旦失去的东西，人们才倍加留恋。

假如这样，人们才会真正明白人生中最应该珍惜的东西是什么。

假如这样，或许会把烦恼当过往。

抛弃一切琐事，去美丽的海边看风景，捡贝壳，观海浪。

忘掉一切烦恼，去登山，看日出。

丢掉手头繁忙的工作，去看望父母亲人，尽孝心，享天伦。

把心事放下，把烦恼丢掉，把记忆忘却，把一切归零。

把身心融入纯净的空气中，慢步走，深呼吸；静听泉水鸟鸣，观大河落日，看花开花落，赏大漠孤烟；炊烟袅袅，迎旭日喷薄，听千

**作者作品《白云与山峦》**

古绝唱；浪花淘尽，把酒临风，对酒当歌，慨当以慷。

历经世间万物，饱经人间风霜。

会顿觉：

广厦万间，一张床而已；

天下珍馐，一日三餐而已；

诸多烦扰，一个微笑而已。

在世上，不贪，不恋，不怒，不狂，不癫，不哀，不悲，不伤，不偏，不倚，不卑，不亢……

假如将生命倒计时，思维将逆转，生活将重置，一切将回归淡然。

把生命放入时钟，随心情转动，让时光自然流逝，等待明天。

蓝天牧场

一切回归于自然，向快乐出发，让生命融入空气，随阳光舞动，平凡如初，纯净如水。每天早晨，去呼吸第一口清新的空气，去看清晨第一缕最美的阳光……

怀敬畏之心，看太阳唤醒沉睡的大地。怀平常之态，体味人间的快乐、忧伤，感动与善良！

假如这样，也便是人生中的至真、至纯、至善、至美、至简、至极……

2022年4月9日明伦校园偶感

2022年4月23日、5月8日再稿

# 毕业的夏季,我们这样表白

在毕业的夏季,我们是这样度过的……

## 河南大学党委书记卢克平寄语

校党委书记卢克平

祝愿新闻专业的全体毕业生同学们:

勿忘初心使命,牢记责任担当,做一个守正、创新、勤奋、努力、正直、善良、健康、快乐的新闻人!

——卢克平

# 河南大学校长宋纯鹏教授寄语

新闻专业毕业生同宋纯鹏校长、谭贞副校长合影

2022届新闻传媒的学子们：

希望你们弘扬崇高的新闻职业精神，做公平正义的守护者，道德良善的捍卫者，社会责任的担当者。秉承河大精神，铸就辉煌人生。

宋纯鹏
2022年5月26日

校长宋纯鹏寄语

# 我们相约明天

## ——寄语 2022 届毕业生同学

2022 届可亲可爱的全体同学、老师们：

大家下午好！

六月，正是收获的季节。"接天莲叶无穷碧，映日荷花别样红。"这个季节，本应是属于同学们欢聚相拥留影的美好时节，当下，疫情仍在继续，这一切也都成了奢望。同学们毕业了，我们也终将要别离。今天，我们在校的部分同学相聚一起，以学院毕业典礼的形式做最后的告别。我们也特别想对目前毕业仍不能返校，不能和曾经朝夕相处的老师同学们当面说一声"再见"，所有在校外的本科生、研究生代问一声，同学们，你们好！

大家即将告别这熟悉的校园，再过几个月，学校即将迎来110周年华诞，所以，此刻与同学们说再见感到特别不舍和留恋。近日，河南大学党委书记卢克平教授、校长宋纯鹏教授专门寄语我们新闻传播专业的毕业生同学们，学校党委副书记张宝明及纪委书记杨朝阳等领导经常过问叮嘱，给我们全体毕业生同学们送来学校的关心关爱与嘱托，我们要牢记母校领导的殷切关怀与期望，不负重托不负韶华，积蓄力量，砥砺前行！

也许，这三年，或四年，同学们因为疫情失去了许多，但一定也收获了很多，感悟很多。人生，总是在不断总结与感悟中实现自我超越，一步步迈向成熟。

你们在校期间，遇到延续二年的新冠疫情。疫情的蔓延，让师生们一同度过人生最艰难也是最难忘的特别时光。疫情，教会同学们如何战胜人生中的困境与变幻，这也是最为宝贵的精神财富。它教会我们面临突如其来的诸多因素，如何做到坦然与坚守，自信与从容。这也是我们需要不断积累的人生哲学与智慧。

王文科同毕业生于河南大学南门合影

在这聚少离多的几年时间内,大家少了往常的喧闹、交往与流动,有了更多的个性时间与空间。面对疫情,可以让我们默默思考,积蓄能量,静待花开。同学们这些年,有入校时的欢欣,有学习成长过程中的点点滴滴,有喜怒哀乐,更有对未来工作生活的期盼与渴望!

我们始终坚信,疫情终将化为云烟,大自然终将还给人类一片自由纯净和蔚蓝的天空。这也是我们追求美好生活、热爱大自然的理由!

希望同学们,将来有机会常回来看看我们心目中的明伦街85号,到那时明伦街将焕然一新,我们步入南大门,再领略六号楼的典雅、七号楼的端庄,沿一排排琴键式的斋房漫步,欣赏巍峨壮观的大礼堂,静听铁塔的铃声,看铁塔湖水的粼粼波光,望明清东城墙和东操场绿茵上透出的第一缕晨光,重回我们新传院质朴雅致熟悉的五号楼、逸夫图书馆、科技馆、十号楼、综合教学楼，再回味学五、学六、中心食堂、小西门饭菜的飘香。仿佛这一切终将成为一种美好的回忆与向往！

希望，哪一天，同学们再回来一同唱响入校时那首"嵩岳苍苍，河水泱泱，中原文化悠且长。济济多士，风雨一堂，继往开来扬辉光"的慷慨激昂的校歌。不要忘记镌刻于南大门门楣上"明德新民，止于至善"的百年校训；不要忘记"团结、勤奋、严谨、朴实"的校风；不要忘记"百折不挠，自强不息"的河大精神！让这些河大元素注入我们的血脉，成为一生中的精神宝典和驻足心灵的永恒家园！

大家即将踏入社会。希望同学们怀揣三件宝：一是拥有博大乐观的胸怀，二是具有独特的专业技能，三是有一个强健的体魄。有了这三件"宝"，世界与明天都将属于你们。

希望同学们：做一个乐观开朗的人；做一个诚实守信的人；做一个正直善良的人；做一个孝敬友爱的人；做一个团结协作的人；做一个健康有趣的人；做一个堂堂正正的新传人，河大人！

祝愿同学们在大千世界与漫漫人生道路上，一步一个脚印，不埋怨，不犹豫，不畏惧，不彷徨，向自己既定的人生目标勇敢迈进！

唯愿同学们，勇立时代潮头，牢记使命担当，践行"铁肩担道义，妙手著文章"的诺言，再出发，再启程，扬帆再远航！

同学们，我和老师们在母校这一片静静的港湾等候，待疫情结束，让我们相约明天！

2022 年 5 月 31 日

河南大学新闻与传播学院党委书记王文科

# 毕业寄语

做一个乐观开朗的人；做一个诚实守信的人；做一个正直善良的人；做一个孝敬友爱的人；做一个团结协作的人；做一个健康有趣的人；做一个堂堂正正的新传人、河大人！

——王文科寄语

百年河大，铸造优秀学子；四年新传，一朝挥袖别离。征途在前，唯愿各位同学直道事人，虚衷御物，岁月安好，不负芳华。

——王鹏飞寄语

"无穷的远方，无数的人们，都和我有关。"希望大家自觉担当起河大新闻人的责任和使命，不负韶华、不负青春，勇毅前行。

——郝魁锋寄语

"君子藏器于身，待时而动。"四年的磨砺，璞玉浑金，皆成美器。未来尽管注定不是一马平川，又何足惧哉！人生的价值绝不是一种简单的快乐，而是在抵达意义的旅途中战胜艰难险阻之后的自我实现。勇敢面对未知的挑战，踏上挑战自我的人生旅程。沧海横流，方显英雄本色。衷心祝愿同学们前程似锦，马到成功！

——杨波寄语

所有风雨泥泞，都在为远方的风景增色；所有坎坷历程，都能让抵达的喜悦更为丰盈。即使"生活以痛吻我"，我亦"报之以歌"。无论夜色或黎明、暖春或寒冬，明了日升月落自有其轨，看懂花开花谢各有其美，让我们永葆自信，坚定方向，演绎出各自不同的人生精彩。

——于春生寄语

聚是一团火，散是满天星。青春不散场，未来犹可期。希望2022届新传毕业生们带着铁塔牌的坚毅气质，铭记"明德新民，止于至善"的校训，满怀"铁肩担道义，妙手著文章"的热忱，去践行自己的理想与使命，将自己的青春融入祖国的发展，不负时代与韶华，归来仍是青春少年！

——赵涛寄语

希望你们在未来的人生征程中,以实现中华民族伟大复兴为己任,争做中国好青年!

——**刘家丽寄语**

今天,无论你们在不在场,你们都坐在老师们的眼前;明天,无论你们走到哪里,都驻在老师们的心里;未来,同学们无论是继续深造还是走向社会,希望大家能够继续追求自己的初心,讲原则,懂规矩,强本领,担道义。

——**郭鸿昌寄语**

## 教师寄语

**编辑出版系教师郭晶寄语毕业生**

同学们,愿你们择高处立,勇于担当;就平处坐,抱朴守拙;向宽处行,有所为有所不为。祝大家前程似锦,不负韶华。

**广播电视系教师高红波寄语毕业生**

挥手从兹去,希望各位同学在离开河大的日子里,仰望星空,脚踏实地,奔赴山海,保持热爱。与君共勉,诸君珍重!

**广告系教师陈文泰寄语毕业生**

同学们,愿你们好好吃饭睡觉,认真生活;多做一些不能够立刻产生收益的事情,努力积累。这是因为在未来的不确定中只有你才是唯一的确定性,在变革的时代里只有用不变才能应万变。业精于勤,行成于思,无用之用,方为大用。

**播音主持系教师强海峰寄语毕业生**

不唯上,

不唯书,

不务空名。

慎于思,

笃于行,

总是努力。

…………

亲爱的同学们共勉。

### 网络与新媒体系教师张国伟寄语毕业生

亲爱的同学们,山河漫漫,岁月绵绵,愿各位勤业勇览众山,持身不忘初衷,修心以求兼济。祝各位行稳致远,功不唐捐。

### 新闻系教师张珂寄语毕业生

疫情还未散去,你们就要挥别,岁月匆匆,逐梦不停,踔厉奋发,勇毅前行,新故相推,日生不滞,因时而变,从新出发。此刻,母校用110岁的深邃目光送别你们,20年风华的新传院和我们,是你们永远的港湾。

### 谷小龙老师寄语毕业生

临别之际,借东坡先生《定风波》中一句送给即将远行的同学们:"莫听穿林打叶声,何妨吟啸且徐行!"是的,行路在外,经风历雨是少不了的。那淅沥的雨可以压弯枝叶,但也可以滋润干渴;虽会打湿行囊,但也可以洗净心情。河南大学已经给了大家吟啸的胸怀与本领,那就只管竹杖芒鞋洒脱前行,当你自信从容地走向一蓑烟雨,自然也无风雨也无晴。

**郭灿金老师寄语毕业生**

祝亲爱的同学们：

择一人，终老；

择一事，终生……

若实在不行，

那就

把每一次恋爱当成初恋；

把每一份工作当成婚姻！

真诚拥抱自己，

倾心热爱世界，

这也许就是我们

能够拥有的

最具力量的武器！

祝同学们

从新传院起步，鹏程万里！

从明伦街起步，海阔天空！

2022 年 5 月 30 日

**2018 级本科生辅导员陈琳老师寄语毕业生**

行稳致远，进而有为。

### 研究生辅导员孙韵老师寄语毕业生

愿人生：宠辱不惊，看庭前花开花落；去留无意，望天上云卷云舒！

## 毕业生寄语

### 2018级新闻专业陶金博

日复一日，周复一周，岁月滚滚，传道之恩难休。我们都曾认为很多事情可以重复，还有下一次，但站到终点却发现并没有，科技馆的晚会，铁塔记者节的摊位，东操场的歌声，新闻系的课堂，可能都是此生的最后一次，我们也即将和新传院告别。桃李廿载风雨路，铁塔千年铸沧桑。2018级新闻系全体同学祝愿正值意气之年的新传院长歌唱晚，素履远航，猗欤吾校永无疆！

### 2018级网媒专业许书铭

很认同俞敏洪说的一句话，要享受人生这种像波浪一样高低起伏的感觉，因为高点和低点之间的距离，使得生命的宽度得以延展，这样的日子，才足够难忘。而当我们在夜以继日地赶路时，也别忘了感谢自己和他人的珍贵，相比于那些我们追求的目标，有时候身边的伙伴更加重要，这些一起度过的岁月、行过的路程，才是我们回忆起来最宝贵的财富。感谢在河大遇见的一切，在这里的每一秒都弥足珍贵。

### 2018级编辑出版专业陈嗣尧

四年转瞬流逝，回忆近在眼前。忘不了红色砖楼，承载你慈祥的注视；仍然眷恋红瓦屋檐，似你裙摆轻扬；总愿再听听百次千次入耳的铃声，飘着你欢乐的笑语；总想再走走千遍万遍踏过的路，循着你在尽头的眺望；总念那日复一日暗中绽放开的灯光，轻易驱散迷惘。南大门的校训已然刻在心上，感谢你牵着我拾级而上，让我越来越靠近理想。

## 2018级广告专业张九川

我不爱谈我的母校,因为言语诉不尽河大的美。我无法说清,下课后在铁塔湖畔散步的那种放松,微风是如何荡起波纹,树枝是如何剪碎阳光;也无法讲明,每日在图书馆读书的那种平静,书香是如何浸透灵魂,知识是如何震撼内心。她的优雅和从容,她带给我的激励和感动,和她在一起的经历拥有时光堆叠出的质感,远比言语描述得更为精彩。

## 2018级播音与主持专业宋雨倩

岁月不居,时节如流。四年时光转瞬即逝,回望走过的路,在斑驳岁月、浓郁书香浸润的校园里得遇良师、结识挚友、丰盈思想,是一生之幸运;在积历史之厚蕴新闻与传播学院前瞻开放的精神熏染下领略新时代的兼容并包、孕育更深沉的思想追求、感受奋斗的无限可能,更是一生之财富。愿我们心有所愿、行有所向,奔赴下一场山海;愿我们大道至简、止于至善,在人生高处相逢。愿母校,更展宏图,再谱华章。

毕业生座谈会合影

**2018级广播电视编导专业李泽坤**

忆往昔，桃李不言，自有风雨话沧桑；看今朝，厚德载物，更续辉煌誉中原。

二十年风流，源自最赤诚的星火，流光冉冉，回应万千新传人谱写的华章。

近昏的夜，星火渐起，暗暗流光汇聚，燃起巨火，沉默夜色。

欲曙的天，日出上，天地再开元，薪火相传间，骄阳渐起，以期明日。

二十年，筚路蓝缕，风雨兼程；二十年，栉风沐雨，弦歌不辍。

二十年璀璨的业绩已汇入流金岁月，新的辉煌，期待你我去创造。

有幸见证你追求卓越的年华，见证你发扬光大、贯彻主张的坚定，见证你振兴中华、永志勿忘的初心。

风华正茂，你我皆少年！

他日凌云，祝万事胜意！

**2019级广播电视编导专业宋梦妍**

总以为毕业遥遥无期,在这个关于夏天、毕业、告别、成长,关于青春、友情、过去、未来的时间里,很快我们就会成为你们,继续接力。非常感谢学长学姐们在我多彩的大学校园里留下的美好回忆,第一次拿起相机,第一次拍摄会议,从懵懂少年到独当一面,薪火相传在我们新传院的大家庭里生生不息。心之所向,行之所至;但行好事,莫问前程。

# 研究生寄语

## 2019级新闻传播学硕士研究生杨璐

"一年复一年,匆匆又夏天。"这个夏天,我们作为铁塔牌学子,在花香满园的河南大学迎来了属于自己的毕业季。微风拂过,铁塔湖水波潋滟,漫步湖畔的我心生感慨万千。三年的硕士研究生生活,我在河南大学收获了很多美好记忆,感谢母校对我的悉心培养,以及为我们提供的多种多样展示自我、提升能力的丰富平台,我们也很幸运,遇到了一群可亲可敬的老师,他们对我们的鼓励和教导让我们这段求学岁月溢满温暖。

感谢我的同学们,三年时光中我们在学业上共同奋斗、生活中相互鼓励,共同留下了彼此间温暖的回忆。习近平总书记说:"青春孕育无限希望,青年创造美好明天。"青年人的命运,从来都与祖国和民族的命运紧密相连。毕业是人生新的起点,让我们带着青春的无限赤诚和勇敢,从河南大学这个梦开始的地方昂首阔步,带着一颗追梦的赤子之心和母校对我们的深深祝福投入到时代发展和祖国建设的洪流中去。"明德新民,止于至善。"我们长路漫漫,一切皆可期然,祝福我所有的同学前程似锦,未来可期!

## 2019级广播电视编导专业硕士研究生 贾广宇

回首研究生三年，有收获亦有辛酸，幸遇恩师，一路耕耘，幸遇良友，鉴我德行。三年求学之路不易，对于学术的探索往往充满挫折和挑战，但这又何尝不是一种收获，前行的道路上遍布荆棘，却也等待着将它走为阳光大道的人生旅客，一路走来，朝阳与月光见证着铁塔学子的每一步努力，在挫折面前，我们不言退、不言弃，以昂扬的姿态勇敢面对。"春种一粒粟，秋收万颗籽。"浇灌下努力的汗水，深埋地下的种子终会破土而出，求学之路是成长也是求索，只有经历过挫折的历练，才能收获成功的果实，才能不断实现自我突破。正如习近平总书记在庆祝中国共产主义青年团成立100周年大会上所说："追求进步，是青年最宝贵的特质，也是党和人民最殷切的希望。"每一代人都有每一代人的长征，想要做到不负时代，不负人民，我们还有很长的路要走。所以，去拼搏吧青年！为了民族伟大的复兴，为了国家伟大的事业，让青春之花在鲜艳的红旗下绽放！

2022届毕业典礼暨学位授予仪式

六月，这个夏季，带着太多的记忆、不舍与留恋，我们即将离开母校。六月，明伦，是一场美丽的相拥。

六月，明伦，我们不说再见。

祝福我们的母校110周年华诞！

猗欤吾校永无疆！！

2022年6月于明伦校园

《晨光·草坪·小径》

路经家属院的校车（22号院）

## 明伦细语——"班车族"琐记

再过两个月，河南大学将迎来建校110周年。

这所百年老校，无处不充满着故事。

百年老校的内涵与神韵随处可见。流淌运行的学校班车便时刻充盈着脑海中的记忆。前些年，学校为方便教工教学工作，开通运行了"通勤班车"，每天准时运行的班车里，点点滴滴都承载着许多老师们日常平凡与美好的记忆……

随着办学规模的扩大，学校由原来明伦街85号一个校区，扩展为目前的明伦校区、金明校区、郑州校区，郑汴两市三个校区办学。随着办学空间的扩大，给老师们出行带来诸多不便。为了方便老师们上课上班，学校在多个校区与家属院之间安排了"通勤班车"，这样人性化的设计，"班车族"也便应运而生。

早晨，匆匆起床，从居住地开封西区家属院赶早班车去八公里外明伦校区上班，长期以来已经习惯了这样的节奏。早班车从家属院出发，七点四十分左右到达明伦校区；下车后可以到中心食堂，那里有营养实惠、品种多样的早餐；早餐后，校园漫步，路经大礼堂，西侧

乘坐校班车上下班的老师们

绿草如茵，沿石板小路，到大礼堂广场，晨光下，一批批同学鱼贯而过，匆匆奔赴教学楼，此刻的大礼堂显得格外壮美。经过东西斋房、六号楼、七号楼、小礼堂，沿途一路近代建筑美景，随手拍一些建筑景致，再绕到东操场，看第一缕晨光透过东城墙，呼吸清新的空气，顿觉神清气爽。这样每天早来晚回，早中两顿食堂，一天都在学校，既省时又省力，也算是工作生活二者悠然兼得。

常常与"班车友"们调侃，乘坐班车，一是不用操心自己开车停车；二是油价飞涨，可节能环保；三是班车上有一批车友可以畅谈家事国事学校事。程民生、张大新等老师便是班车常客。间或，可以看到慈祥可亲的校工会袁顺友老主席，经常可见到分布在明伦校区的文学、历史、马克思主义、法学、新闻、艺术等几个专业学院及后勤等职能部门的老师同事们，偶尔也会出现一些"新面孔"，但很快便成了"熟人"。印象深刻的是年逾七旬的张大新老师一天早中晚几个来回，守常规律，风雨无阻，周末亦如此，能做到这样真的需要坚持与毅力。

班车在新老校区之间通行时间约 25 分钟，在班车上，"车友们"畅谈国内外要闻、学校大事、人物故事、课堂内外、运动健身、邻里之间、逸闻趣事、柴米油盐酱醋茶，自然也都是谈论的话题。真可谓一个临时的"小社会"，一种独具特色的"班车文化"。

班车设有不同的班次和几条线路，明伦－金明校区（家属院）、金明－武夷家属院、明伦－金明－郑州校区等线路。当然，经常乘坐班车的是一部分老师，随着办学事业的发展，人们工作生活节奏与习惯的改变，尚不知这种模式会存续多久，无论如何，我觉得班车是一个特定阶段学校事业发展的历史印迹和标志。班车上的这段时光，是老师们一段短暂难忘的"旅程"。这里，欢声笑语，其乐融融；这里，温馨而从容。

班车，承载着一种使命，洋溢着一种氛围，传递着一种友谊。

班车，是一种工作生活的旋律，一段记忆，一种文化，一种氛围……

班车，或许会成为一段永远的回味！

百年河大正当时，且听班车细语声……

2022 年 5 月 23 日周一晨早班车上草就

2022 年 6 月 7 日再稿于明伦校园

## "静音沉璧"融媒体工作室和"'静音沉璧'叙说河大"揭牌仪式圆满举行

秋风始摇落，秋水正澄鲜。10月1日，国庆节当天下午，"静音沉璧"融媒体工作室和河南大学网络文明暨融媒体育人品牌项目"'静音沉璧'叙说河大"揭牌仪式在新闻与传播学院国家级实验教学示范中心（河南大学）举行。

王立群先生于科技馆演播厅与学院部分教师合影

著名文化学者、河南大学教授王立群，河南大学党委常委、宣传部部长王明钦亲临现场，新闻与传播学院领导班子、老师和学生代表一起见证工作室揭牌，揭牌仪式由院长王鹏飞主持。

会议伊始，通过一个短片向大家整体介绍了"静音沉璧"呈现形式。接下来，由学院党委副书记郝魁锋宣读河南大学党委书记卢克平教授的贺词：

由新闻与传播学院王文科同志开设、王立群教授命名的公众号"静音沉璧"，以一个河大人的眼光，叙写百年河大之历史，弘扬大学之风骨气韵，吸引读者万千。我由衷地祝福，这个媒体平台越办越好！

——卢克平　2022 年 9 月 30 日

河南大学党委常委、宣传部部长王明钦的贺词：

新闻与传播学院王文科同志以浓厚的河大情怀和对文化传播的由衷热爱，在"静音沉璧"微信公众号开通一年多时间里，以文图音视频立体融合的形式，推出原创精品文章 60 多篇，在河大师生和校友中产生良好的传播效果。希望文科书记继续秉持王立群老师命名"静音沉璧"的初衷和祝愿，带着对河大深沉的情感，保持淡泊高雅的创作品味，持续产出高质量高水平原创精品，持续为弘扬河大精神和文化墨染才华、落笔生花、诗意为文！

——王明钦　2022 年 10 月 1 日

王立群教授即兴发言，给我们讲述了历史的四个层次：真实的历史、记录的历史、传播的历史和接受的历史。从真实到手写，是一个非常值得深究的问题，因为记录者的立场观点不同，就会写出完全不同的历史。"静音沉璧"讲述百年河大的人文历史故事，用图文音视频用心记录河大的名人名家和景观建筑，属于记录的历史。而历史

王立群先生致辞

的第三个层次，传播的历史又是至关重要，比如中国人非常熟悉的三国故事，从最早的陈寿的《三国志》到明代的《三国演义》，都是文学传播历史的典范。但是，老百姓了解三国历史的方式，已经从看《三国演义》的原著小说到看电视剧，甚至会通过观看日本的动漫《三国杀》。最后是接受的历史，老百姓怎么看待历史。有人接受政治家的言论，有人接受历史学家的研究，但更多的人却是接受文学家的演绎。从真实到记录，从传播到接受，这是历史经历的过程。"静音沉璧"就是这样一个记录河大历史、介绍河大人物、宣传百年名校、弘扬自强不息和百折不挠奋斗精神的融媒体平台。

王立群、王明钦共同为"静音沉璧"工作室揭牌

王立群先生为"静音沉璧"工作室授牌

河南大学党委常委、宣传部部长王明钦表示,校庆期间他一直都深受感动,从河大连续推出的四个宣传片《建筑的生命》《这就是河南大学》《无疆》《大学之道》在河南电视台、央广网、凤凰网等平台的转播,点击量屡攀新高,到校庆日当天,新闻与传播学院的师生的深情朗诵,震撼人心。大礼堂内,台下观众热泪盈眶,情到深处都

王明钦致辞

仰面观看,尤怕眼泪落下。王部长殷切希望王文科老师创立的"静音沉璧"能一直坚持下去,如今已立项,接下去要出著作,努力将其打造成一个研究河大历史、介绍河大光辉岁月的品牌。

王文科老师发言:

今天,我们汇聚新闻与传播学院,举行融媒体平台"静音沉璧"授牌仪式。首先,请允许我说声谢谢!非常感谢王立群先生命名的

"静音沉璧"这个充满文化魅力的公众号名称。今天王老师又专程亲临学院为我们亲手授牌,这是我们无比的荣幸;河南大学党委书记卢克平教授专门发来贺词,给予鼓励,寄予厚望;党委宣传部王明钦部长专门题词鼓励,将"静音沉璧"叙说河大这个媒体平台列为河南大学网络文明暨融媒体育人工作品牌项目,是对我们学院和个人极大的鼓舞与鞭策。

王文科致辞

公众号开设一年来,推送60多篇原创文章,从文案、采写、图片拍摄、资料收集到音视频制作、编排、推送,其中凝聚许许多多的老师同学们的心血与付出。强海峰、钟倩、路庆平、谷小龙、冯媛媛、胡芃原、孙玉婷、崔晓静、栗江豪、练书锋、黄慧慧、王娇娇等老师们倾情朗诵,几十位本科生研究生同学热情演绎,明伦街大才子郭灿金和我们交流沟通探讨,校史馆王学春老师提供资料,宋梦妍同学每一期精心编排推送,学院同事老师同学们关注分享……感谢诸多老师、同事、同学、朋友、校友对文章内容的关注分享和很好的建议。

愿"静音沉璧"这个平台成为学校、学院对外宣传的一个小窗口,一个大平台。

愿"静音沉璧"和我们一起走进这所百年老校,走进历史人物故事,走进铁塔湖畔,静听琴韵书声,看东城墙升起的第一缕晨光,走进南大门、东西斋房、六号楼、七号楼、大礼堂,一起走过寒来暑往、春夏秋冬,一起分享关注生活中的美好。我们把王立群老师在学校110周年校庆典礼上的发言"时间的力量"奉为经典,我们也坚信坚持的力量,坚持把这个公众号做好。

"静音沉璧",玉璧如水,杳无声息。您的关注,是我们最大的动力,愿默默坚守,为宣传百年河大去付出、去努力,无怨无悔。

衷心感谢王立群先生，感谢学校学院的同事同仁们，感谢卢克平书记，感谢党委宣传部王明钦部长，感谢学校校友会，感谢老师同学们，感谢校友们、朋友们！我们会继续努力！

今天，恰逢我们新中国73岁生日，值得纪念。祝愿我们的祖国繁荣富强，秋色无限，山河远阔，阖府安康，国泰民安！谢谢！！！

播音与主持专业学科带头人强海峰老师回忆到，当年在河南大学读书期间加入的第一个社团就是铁塔文学社，如今其创始人及首任社长王文科老师在融媒体平台"静音沉璧"上再次开启新的篇章。谈到配音，强海峰老师仍然记得答应过的要给"静音沉璧"推送的一篇关于河南大学贡院碑上的三篇碑文录音的"作业"，将会在近期完成。

明伦街第一才子——郭灿金老师对这个称号现场考究了一番，从民间的说法到王立群教授的官方认定，老师的肯定和鼓励原来从未间断。郭灿金老师也对过去一年里"静音沉璧"推送出60多篇原创图文表示敬佩，并希望自己在未来的公众号创作中也能笔耕不辍，使其早日成为真正意义上的融媒体平台。

崔晓静老师分享了配音六号楼时的感受，看到王文科书记及时的反馈非常感动。"静音沉璧"通过图文音视频的有机结合，使介绍校园建筑的文字鲜活起来，给我们带来无穷的滋养。

孙玉婷老师回忆来河大工作后第一次见到王立群教授时激动的场景，当时本以为不会得到老师的回应，但没想到老师特别亲切地说，你好。如今她对在新传院工作先后扮演过年轻的"李芳老师"，对校庆当天朗诵的《山河交响》感到特别荣幸。

胡芃原老师从小生活在河大家属院，本科毕业临近考研时还曾去王立群教授家中请教问题，很荣幸今天能再次见面。作为公众号配音中的一员，她被王文科老师充满诗意的文字深深打动，文如其人，从字里行间中能感受到与其平日儒雅的生活也非常契合。

谷小龙老师在导演方面天赋异禀,为河南大学100周年校庆和110周年校庆总导演。谈起他与"静音沉璧"的结缘,他先解读了王立群老师的命名:静音并不静,而是有声有色;沉璧却是真如璧。每一篇文章都从独特的视角出发,优美的文字就如玉璧一般娓娓道来,散发出温润的光泽,带给我们视觉和听觉的享受。谷小龙老师还对一年来公众号已发表的63篇文章的内容进行梳理,其中关于河南大学建筑的有16篇,关于河南大学名人大师的有29篇,关于四季风景、心情感悟的有18篇。校庆之际,关于河大历史梳理的文章多是宏大叙事,而王文科老师的文章从个人情感细节方面出发,两者恰好形成互补。之所以说王文科老师公众号的很多文章是具有抢救意义的,是因为在《走近王振铎先生》这篇推文推出不久,王振铎先生就逝世了。文章不仅翔实记录了王振铎先生的工作和生活,而且还有对其学术和人品的总结,分享这篇推文也成了师生们缅怀王振铎先生的最好形式。

栗江豪老师作为新青年骨干教师,曾经也是王立群教授在大礼堂授课时座无虚席的一员。王老师当时勉励大家要做水一样的人,就像是做饭时无论咸淡冷热,都能用水去调和。在每一期的播音过程中他都谨记导师教诲:"播音不只是发声,而是要对每一句话负责。"从王老师将历史传播给全国观众,到王书记把河南大学的历史传播出去,让更多的中华儿女了解熟悉并热爱河南大学,两位王老师就像是余秋雨先生在《中国文脉》中写的那样,是河南大学的文脉。

广电系主任高红波老师先是表示了对王立群教授已久的仰慕,听完四册《王立群读〈史记〉》,犹记其提到的"人生四行"。首先是自己要"行",其次是要有人说你"行",再次是说你"行"的人,一定要"行",最后是自己身体要"行"。对应打造品牌项目"静音沉璧"这件事上,从传播学的角度,对河大的宣传是一种传承,更是创新,我们共同努力一定能行。

2019级播音与主持专业的杜俊容同学作为一枚"静音沉璧"的小粉丝发言,她说在学习生活中翻看推文,就仿佛与一位智者同行。不光得遇明伦之约中的大师与人物,还有幸品读关于河大的往事与记忆、建筑与故事;课业繁忙中翻看散文小记,在这里涤荡浮尘,寻得静谧,如《季节的风为你吹拂》《晨阳如歌》《五月榴红》,看似短小的散文,不仅有对自然的观察,还有透过草木看到的人间真情,收获良多。

……

今天非常值得记忆,愿"静音沉璧"成为一缕阳光、一股风、一抹绿、一泓水……伴我们同行……

2022年10月1日于明伦校园

## 瞬间

一夜之间，疫情，又突如其来。

一切仿佛戛然而止。

疫情就是命令，10月25日夜，全校迅速行动，学校机关部门所有学院教学单位负责人连夜全部到校到岗一线值守，筑成守护校园健康与生命的一道道防线。

夜幕下的逆行者，这也许是秋日里一道最美的风景。

近几天来，在校园里，一个个场景，一个个背影，一个个片段，一个个瞬间……汇成一股巨流奔涌，传递着，感动着，流淌着……形成一股力量，冲淡着疫情，温暖着初冬的校园……

"我们宿舍一共六层，早上七点我们还没有起床，老师们已把早餐准时送到了。一层层搬运，送到每个宿舍，我们可爱的老师们真的很辛苦。一日三餐，一天下来，他们要工作十几个小时。看到一个老师搬完配餐坐到楼梯上的背影，很累，但很美。"

当同学们隔窗看到外面的老师们一个个疲惫的身影，不时会从宿舍传出：老师我爱你们，你们辛苦了！

同学们说：河大真的很用心，除了主配餐，有时还配送些水果，很鲜，很甜。

新闻与传播学院志愿者中有一位年龄最大的孙洪振老师已经59

岁,家中爱人身体不好,孩子又不在身边,毅然默默出现在工作第一线。学院全体班子成员16位老师及辅导员值守,郝魁锋、杨波、孙洪振、祁涛等率先入住顺河公寓与同学们同吃同住,与其他学院同事们一起成为同学们最贴心的人。

入住公寓的老师们送完餐脱掉防护服已汗湿透衣背。

背影

这些天,校园内传诵着一句最温暖的话语:河大,同学们,我们时刻在一起!

这些瞬间转瞬即逝,但永远留存在我们记忆深处,感化我们的心灵。感谢疫情中,所有的河大人,致敬,我们亲爱的老师,致敬,我们的同学、同事,致敬,我们的河大!

爱在流淌,在延续。冬天已临近,春天注定不远。让我们一起呵护这美丽的家园,共同迎接明天的太阳!

2022年10月28—29日晚于明伦校园

## 守望岁月——一位河大人的心灵悟语

　　守望岁月，是一首无言的诗，心底的歌，浓浓的情。

　　千年古都开封，110年学府，一个普通的学子，近50载青春韶华在此延续。明伦街85号，这里，注定是一片记忆中的热土。

　　1912年创办的河南大学，已走过110个春秋。当它诞生半个世纪，我刚刚出生。那年是9月25日，我与它同月同辰，它正好长我50岁。前半个世纪虽无缘目睹它的曲折坎坷峥嵘岁月与辉煌，但半个世纪后，刚满18岁的我只身从家乡来到古都，迈入这所学校，至今已陪它走过了42个春秋。其间，见证了建校83周年、90周年、100周年、110周年的校庆庆典，深深感悟到百年老校的博大厚重与辉煌。

　　之后的工作中，先后历经七八个岗位，每次工作的变换，也都是一种考验。面临新的岗位，度工作之维艰，也阅人万千，结师生情谊，越峥嵘之华年。如今，即将告别工作岗位，转入人生另外一种生活方式。今后的日子，可能还要陪它走过一段时光。平凡的岁月里，可以在校园里漫步，看东城墙透过的缕缕晨曦、铁塔倒映湖水中的涟

作者作品《八朝古都开封——安远门》

漪波光,看它一幢幢别致的建筑,听校园琅琅书声。享岁月之美好,品校园之书香。岁月如歌,静静守望,不能不说这注定是一种渊源,一种至高无上的知识与文化享受!

  从1981年入学、求学到工作,相守于校园,转瞬几十年,点点滴滴,平平淡淡,错过了外面的大千世界,也总会留下些许遗憾。过滤一下记忆中能够留存下来的事,不过"一二三"而已。

  第一件事。求学期间,1984年10月18日,我与文友发起成立"铁塔"文学社,取铁塔坚毅挺拔之意,并创办社团刊物《铁塔湖》,感到非常欣慰。40年来,"铁塔"文学社代代相传,至今仍然活跃在河大校园,刊物也越办越好,从这里曾走出了众多有成就的文学青年。我想,这也许就是梦想与坚持的力量。

  第二件事。也许就是一些经历,很快也便淡忘。自1985年毕业留校工作后,有学校机关办公室11年的枯燥乏味的文秘工作经历;有艺术学院7年的艺术"熏陶";有参与筹备创办民生学院(现河南开封科技传媒学院)之后工作11年的艰辛;有挂职南开大学短暂的新奇与经历;有新闻与传播学院8年管理工作的专业滋养与思考……

这些都是我宝贵的人生财富。从二十几岁的热血青年,走过中年,渐入不惑,步入天命,迈向花甲……一步步经历,一段段岁月,丰富了人生,淬炼了意志,提升了境界,渐入成熟。

2003年作者在民生学院(原开封师专)办公室

第三件事。几十年平淡无奇的工作之后,2021年9月20日,也许是新闻专业的敏感与思考、实践与磨炼,也许是为了找回过去的回忆,希望在通往明天的途中,让时光做短暂停留,让思绪在历史的沉淀中飘荡回旋,让平实的生活融入当今瞬息万变、丰富多彩的"融媒世界",于是,便尝试创办公众号"静音沉璧",挖掘校园建筑与人物、人文与故事,发思古之幽情,抒生活之美好。

"静音沉璧",玉璧入水,杳无声息。所爱所好,自然而然,一切皆然。

林林总总几十年,凡事不过"一二三"而已。姑且记之。

想来人生的遗憾是没有机会选择,最大的遗憾是没有正确的选择。人生可选择的机会不多,把握好便是机会。选择了,就坚持走下去。一个人如果几十年坚持做一件或几件事,虽然不一定有轰轰烈烈的成果,但一定会有成效,有收获,有感悟。

作者于新闻与传播学院门前留影

几十年来,在校园默默守望。春天,看冰清玉洁的枝头,百花吐艳;夏天,树荫环抱,鸟鸣花香,漫步铁塔湖畔看朝阳从东城墙冉冉升起,看夕阳下抹去的最后一道霞光;秋天,菊香阵阵,银杏金黄;冬天,白雪皑皑,素裹银装。

抬头仰望——

南大门上"明德新民,止于至善",是学子们心中永远的知识圣殿。

驻足大礼堂，与睿智慈祥的老人对话，感悟师生们心中的精神家园。

静观六号楼、七号楼，品味永远的建筑经典。

东西斋房似一排排琴键，弹奏曲曲回味与畅想。

远观铁塔的巍峨挺拔，感受其质朴刚健。

赏铁塔湖蜻蜓戏莲、碧波涟漪，艺术楼、琴房楼不绝于耳的音符与五彩斑斓的色彩。

悄悄经过小礼堂，掠过它的神秘与朦胧。

目睹明清城墙的斑驳，联想它的亘古与绵延。

东西工字楼遥相呼应；十号楼展翅欲飞；五号红砖小楼有满满的年代感；八号楼的一砖一瓦难以忘怀。

贡院碑，一段中国科举制终结的历史印痕。

科技馆、图书馆，夜幕中闪烁的灯光是学子在知识海洋中徜徉……

春夏交替，秋冬更迭，变化的是季节，成熟的是岁月。永远的校园，永不褪色的建筑，一首首凝固的音乐，百听不厌百看不烦。那随风摇曳的梧桐树叶，是一年中记忆的书签；那随风飘舞的雪花，寒冬中绽放的蜡梅，是书香凝聚成的点点记忆……

河南大学——"一沙一世界，一树一菩提"。仰望这所历经一个多世纪后的高等学府，领略校园独具特色的"建筑群"。一草一木，一砖一瓦，林荫小道，花香鸟鸣……倾听它的人物故事，所经历史沧桑，才会真正领略这所大学的内涵——厚重、博大、包容、刚毅、淳朴、勤勉、自强、责任、担当和它所具有"生生不息，薪火相传"的大学精神元素与大学文化。经110年淬炼的大学，正像一位饱经风霜的智者、长者，人们没有理由不去尊敬它，敬仰它！！

度过繁华，总归宁静。真正的人生，应该是超越时间的经度、空间的纬度、生命的长度、心灵的宽度、灵魂的深度。每个人都会在心灵深处找到一方适合自己的空间。

变化的是岁月，不变的是初心。在这方土地上，熟悉了湖光塔影，看惯了秋月春风，岁月更替，愿默默守望，如斯如初。

如果110年后的河南大学，是航行在一望无际大海中的一艘船，我愿是一位忠实的守望者，在这艘船上默默守望，不惧时日，心向远方……

2022年10月20日晨至11月初<br>疫情期间值守于明伦校园

## 一颗最美的星——怀念聂明

"赶回去见你最后一面,你还带着微笑。握着你的手,很凉!你走得这么急一定有重要的事情,不然,你不会不说一声就撇下家人和这么多好朋友就撇了的。平时每次演出活动你都是整理好设备后才走的,上班按时按点,这次为什么提前,这绝对不是你的风格……"(李计成)

"从此,进入大礼堂,再也看不到那个最早来最晚走的身影了,在演出中再也看不到那全神贯注的眼神、坚定敏捷的双手和一路小跑的双腿了,演出后再也不能在酒桌上听到他开心的笑声了,再也没有人给我递上导演话筒了,再也不能坐在他身边一起为演出提心吊胆了,甚至连邀请他尝尝我现磨的咖啡这个小小的心愿都无法达成了!"(谷小龙)

"我从1998年入学,24年来,河大的每一个舞台上,只有接过您的话筒,心里才踏实。兄长,您没有离开,一直在,永远在……"(钟倩)

"三十六载好兄弟,突然生死两茫茫。愿兄天堂展妙手,再调仙

聂明工作照

乐醉霓裳。日月鉴得明心正,人间留得美名长。"(班一)

"直至提笔这一刻,依然不敢相信聂明老师已经离开了我们。他在好多领导老师们的眼里是30多载如一日默默无闻、爱岗敬业的好同志、好兄弟;在一届届学生们眼里是勤勉朴实、爱岗敬业,令人敬佩爱戴的好老师、可爱的'大男孩'。"(王聚伍)

"去年的5月6日,在艺术楼张大新老师工作室,偶遇聂明,他还给我们拍了张合影……"(作者)

2022年12月29日,一个普通的日子,一个悲伤的消息:聂明,音乐学院音响师,因突发心梗永远地离开了我们,走完了他57岁短暂而平凡的人生。天瑟地冻,悲恸如咽。虽临近元旦,内心却充满丝丝哀婉与悲恸。

聂明，河大一位普通岗位的平凡教工，几十年敬业坚守，默默劳作与奉献。也许，在人们心目中，你就是最可敬可爱的普通的英雄！

脑海中总是浮现：

那匆匆忙忙的身影，那质朴刚毅的容貌，那脸上永远挂着的浅浅的微笑……

大礼堂、小礼堂、音乐厅和报告厅，多少个大大小小的舞台，多少次演出、音乐会，幕后台下留下了你数不清奔波忙碌的身影。精心调配的音符，如青春的旋律、生命的舞动……

聂明站在他最挚爱的工作台前，也是最后一次与同学们合影

在单位，你总是那么低调，少语。内心，却蕴含着一股巨大的热情。

方寸之间，是你神圣的舞台，调音台，凝聚着你全部的使命。你把平凡当光荣，把岗位当生命。几十年坚守，从无差错，无怨无悔。

每当夜幕下，一首首优美的乐曲响起，一首首动人的诗与歌，那飘荡的音符和旋律，星空下，一颗最美的星……

聂明，永远地走了，那么突兀，还有那么多演出、音乐会在等你。许多同事还没有来得及告别，就这样匆匆地走了。

聂明，那留在人们记忆中的自信从容与淡定。

心送聂明，有音乐相伴，愿君再无劳累，再无牵挂，一路淡然从容……

在铁塔湖畔，遥远的夜空，你是一颗永远明亮的星……

2022年12月30日岁末

## 母亲，那风中飘动的白发

3年"疫情"，没有回老家了。

这些年，脑海中常常浮现出故乡的朦胧，年纪越大，越想念家乡。

2023年除夕前一天，带着满心的渴望和期盼回到了故乡。

上午出发，从豫东到豫南二百公里的路程，中午时分到家，一切依然是家乡熟悉的味道。

腊月，大寒时节，天气正冷。

90岁的老母亲已在斑驳的大门口翘望等待了许久。寒风中，母亲的白发被高高吹起，瘦小的身躯愈发显得沧桑。

母亲勤劳，一年四季，日出而起，日落而息。父亲离世早，30年来，母亲默默操持着家，让这个家充满人间烟火。一方小院，几间砖瓦房，这里是母亲全部的世界。

记忆中的母亲，每天总是早早起床，把整个院落打理得干净有序。小院的边隅，母亲开辟成菜园，一年四季，耕作，播种，浇水，施肥，种植各种时令蔬菜，夏秋时节满院葱绿，瓜果满枝满墙。

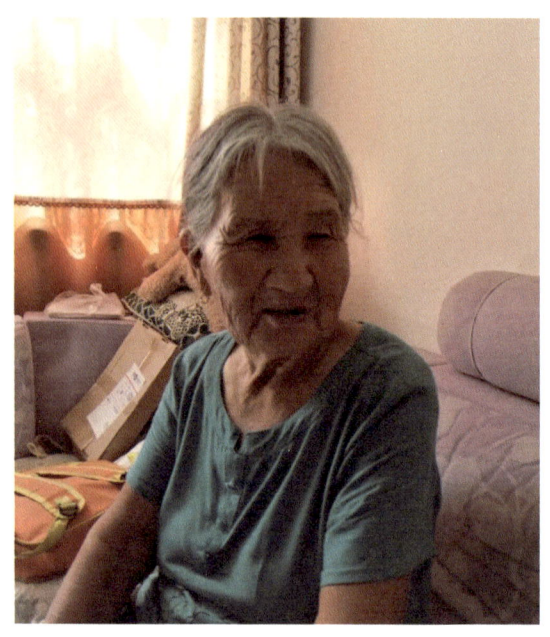

作者作品《母亲的微笑》

年关,到家小住几日,抛却工作生活的繁杂,陪伴母亲身边,睡得特别香甜。每逢返程时,母亲总会精心挑选自己种植的蔬菜瓜果让带走,那是她心中送给儿女最好的"礼物"。一个普通的家庭妇女,温良恭俭让,传统美德都聚集在母亲身上。我的眼中,母亲,慈祥而善良,勤劳而俭朴,平凡而伟大!

自毕业工作 35 年来,我从未间断回乡过年的路。如今,3 年未回了,故乡,是那样亲近又似乎很遥远……

"孩儿回来了!"母亲喃喃道,紧紧抓着我的手,怕我跑掉似的。

站在母亲身旁,望着那渐渐弯下去的腰身,满头的白发,那种满目沧桑,久久的期待和略显迟缓的眼神,内心瞬间涌出一阵酸楚。

陪母亲过完年匆匆返回古都。第二天傍晚时分,大哥来电泣诉,母亲突然失语。顿时，内心涌出一股难言的凄凉。

母亲脑梗住进了县人民医院，记忆中母亲第一次住院。我知道为了这个家，她真的累了。焦急中我又一次返回家乡，站在母亲的病床前，久久凝望，母亲看到了我，脸上露出了她那浅浅的笑，失语的母亲竟然一下子叫出了我的名字。短暂的陪伴，病榻上的母亲用模糊的话语连连道："忙，忙，走吧！"然后，缓缓挥动手臂催促我早些返回。终究不能长久陪伴，匆匆告别，步步回首，病床上母亲那不舍的眼神，我已是泪眼浸润，思绪在内心翻涌……

好想念每次回乡，与兄妹们欢聚陪伴在母亲身边短暂愉悦的时光，母亲家中忙碌的身影，母亲"唠叨"的话语，那风中飘动的白发和母亲脸上挂着的浅浅的笑。离别时，那渐渐弯下去的腰身，那缓缓挥动的手，一遍遍叮嘱，一声声嘘寒问暖，那种牵挂不舍与依恋。

"岁月不是偷走母亲青春的小偷，我才是。剪断了的脐带，怒摔的门，我用一生在跟你说再见，你却用一生跟我说路上小心！"

历经人生中的忙碌与繁华，深深领悟人的一生中有三件事不能等：一曰，孝敬父母不能等，一等，便会铸成终身遗憾；二曰，子女教育不能等，一等，便错过千年；三曰，身体健康不能等，一等，心与灵魂便无处安放。

家乡，母亲！

母亲，家乡！

父爱如山，母爱似水，故乡亲情如潮………

慈母手中的丝线，穿缀游子身上衣，编织日夜思乡的梦。此生唯愿在梦中，常思故乡不觉醒。

也许，世间找不到一种爱可以替代母爱！

那风中飘动着的母亲的白发，是天地间一道最美的风景！……

作者家照

　　常忆儿时家乡的柳叶河，那缓缓流淌清澈的河水。冬日里，积雪没膝，房檐下倒挂的冰锥；夏日里，田野清朗，蛙鼓虫鸣，童伴河中的嬉戏……夕阳下，那缕缕飘动的袅袅炊烟……

　　水泉汪，泪眼婆娑中的故乡！

　　家乡，母爱，永远流淌的梦……

2023 年 1 月 25 日夜

## 生命·成长·告别——人生偶感

人之生命犹如大自然万象，如宇宙银河里日月星辰中的一颗微尘，如潮涨潮落的一粒水珠，如霞光万道中的一抹色彩……

一个人从呱呱坠地，历经成长过程，犹如霞光泛起，旭日东升，至晚霞沉醉，到夜幕降临，达生命终结，有许多耀眼的光芒与瞬间。

人的一生，漫长而短暂，是一个不断告别的过程。告别幼稚，告别烦恼，告别繁华，告别亲朋，告别自然，告别过去，告别自我……

人世间，有许许多多的难分难舍，亲情、友情、爱情。物易别，情难舍。心与情，也许这正是人生中最难的告别。

最近翻看《我离开之后》（苏西·霍普金斯著）一位母亲写给女儿的书，字字句句，直达心灵：

"如果有一天带你来的这个人离你而去，请你带着共同的记忆与美好去生活。成长是不断的告别。死亡不是生命的终点，被遗忘才是。"

"因此，在爱的记忆没有消逝前，请记得我！"

人生是一场永无休止符的爱的交响！

静音沉璧

油菜花香

人生,生命与成长也是一个慢慢放下的过程。放下遗憾,放下纠结,放下劳累,放飞自我,一切便从容淡定。

在路遥马急的世间,放慢脚步,让心放飞。人生没有结果,只有一去不复返的时光。错过的将成为永远,不去追忆与留恋。希望每个人走出属于自己的那片空间,到大自然中呼吸新鲜空气,享受四季阳光,沐浴夏雨秋风,倾听泉水叮咚与啾啾鸟鸣。

有句话说得好:走出去,世界就是家;走不出去,家就是世界。

人生,犹如一场奇妙的旅行,不要错过沿途最美的风景!

人生旅途中,最温柔的那束光,一定是在回家的路上!

"我们终其一生寻找的,应该是自己喜欢的生活方式,和想成为的人。所以,多走点弯路也没关系的,花很多时间在路上也不要紧的,和世俗或别人所期待的不一样也可以的。只要你是在成为你的路上就够了。"

"如果你赶不上凌晨5点的日出,你不妨看看傍晚6点的夕阳……"

"永远喜欢并相信鲜花、诗歌、黄昏、音乐的永恒性,就算在浓浓的寒冬里,也能随时随地用它们栽种出一个春天。"(德卡先生的信箱)

历经生命与成长的过程,无论多么艰难坎坷,相信,只要生命还握在手心,人生就没有绝望。心若累了,让它好好休息。灵魂的修复,是人生永不干枯的希望!

当你把希望放在别人身上时,你会选择等待;当你把希望放在自己身上时,你会选择奔跑。

作者作品《书香湖畔》

人生犹如一条坎坷曲折的山路，累了，就停下歇一歇看看沿途的风景。

云淡风轻，且停且忘且随风，且行且看且从容。

大千世界，笑知俗尘烟火事，一诗一酒度芳华。

在生命与山水之间，在繁华与清静之间，让生命找到归宿，让心灵回归安宁。

也许生命的意义即在于告别的过程，遗忘的过程，升华的过程。

学会告别与遗忘，便把握了生命的真谛。

哲语说——即便明天是世界终极，今夜我也要在花园中种满莲花。

或许，人类的全部智慧包括两个词：坚守与希望！

坚守生命，希望在；生命在，希望在！！

2023 年 5 月 4 日于微风细雨中

## 书香弥漫——父亲节

6月18日,星期天,父亲节。时过几日,依然沉浸在记忆中。

"父亲节快乐!"一大早,收到儿子的祝福。心里涌现出丝丝的感动,不觉已泪水盈眶。

28年前,父亲便离开了我们,从此,对父亲的思念,便时时化为梦境在脑海中闪现。

时光流逝,父亲离我们越来越远。

父已逝,子已为人父。子女们也在思念中渐渐长大、变老。

诗经曰:父兮生我,母兮鞠我。拊我畜我,长我育我。顾我复我,出入腹我。

我们在先人的哲思中,在平淡无奇的生活中领悟人生,感悟父爱。

呵,父亲——

父亲,一个庄严而神圣的名字。

父亲,是内涵,是沉默,是性格,是刚毅,是力量与形象的代言。

父亲，是播散阳光的火种，是蕴含海底的汹涌，是四季的风、季节的雨，是茫茫黑夜里那盏高高挂起的灯……

淡看人间三千事，一蓑烟雨任平生。

母爱似水，父爱如山。

父亲是一面墙，是一把伞，一生在为儿女挡风遮雨，默然伫立。

父爱如山，连绵而伟岸。

父爱如天，粗犷而悠然。

父爱如地，宽厚而温暖。

父爱如风，疾驰而有序。

父爱如光，热烈而灿烂。

父爱如草原，博大而辽阔。

父爱似大海，深邃而内敛，虽惊涛骇浪，却波澜不惊。

这个别样的节日，家人相约一起午餐，餐后一起走进久违的"新华书店"，给这个节日增添些色彩与记忆。

午后，细雨霏霏中的书店，温馨而宁静。

乘梯而上，书店内寻一方"竹林"小憩，让心回归静谧。

重温一下《背影》，父亲努力攀爬时渐渐远去的身影，依旧是让人泪目的场景。

这里，温馨而典雅，人们放慢脚步，携一本喜欢的书，静处独坐，遐思，分享，让心灵在书香中回味。

这虽是一个平平淡淡的节日，却让书香弥漫了心田……

世间万物，更迭有序。四时有序，唯时间不可留。愿人们放下手头的忙碌，多一些陪伴，少一些遗憾。珍惜与亲朋故友在一起的每一寸时光，珍重亲人们的每一次别离与重逢。

作者儿子王贻琦拍摄于新华书店

但愿每一个父亲节,都永远值得记忆;每一个父亲节,都书香弥漫……

2023年6月18日"父亲节"下午于细雨蒙蒙中

# 雪域高原之行——随笔散记

> 走着走着,就散了,回忆都淡了;回头发现,你不见了,忽然我乱了。
>
> ——徐志摩

记得那是1975年的夏天,还是小学四年级时,同班一个叫翠平的女孩随父母支边到西藏,只知道那是一个很遥远很遥远的地方。少年的我记忆中多了一个陌生的城市,同班同学中少了一个活泼漂亮的小姑娘。从此,西藏,这个名字,便深深留在童年的记忆中,也成为心向往之的一种愿望。随着阅历的增多,慢慢体会到,人生有限,最难得的是在有限的生命历程中实现自己的几个愿望。20世纪80年代,自己刚刚工作时有个夙愿,在工作之余能有机会走遍祖国的大好河山,尤其向往祖国的边疆,大漠孤烟、长河落日、高原、阳光、山川、牛羊、牧场……欣赏大自然无限风光,足矣。今年的夏天西藏之行,如愿以偿。

遂以时间为序，将行程记之、录之、陈之、絮之，作为一种回味、一种感悟，聊以慰藉。

## 带着梦想——出发

2020年8月5日，周三。庚子年盛夏的一天，细雨霏霏。早上6点从学校22号家属院与同事一行8人乘车往新郑机场，11点30分乘坐西部PN6293航班，因疫情原因经过严格安检扫描录入健康码，下午2点经停盐城－格尔木，下午5点零5分到达贡嘎机场。接站的师傅尼玛（附照片）在机场为我们献上洁白美丽的哈达。尼玛普通话讲得很好，很健谈，从机场高速往市区酒店的路上，一路给我们聊天讲解西藏风土人情。尼玛1979年出生，身材魁梧，皮肤黝黑，身着红格衬衣，一副墨镜，一顶毡帽，质朴大方热情。他13岁做学徒跟师傅学修车，开过大货车，现在自己开一家车辆租赁旅行公司。从西藏第一条高速公路，到青稞小麦番茄的种植生长，从即将到来的藏族传统宗教节日——拉萨雪顿节（又称藏戏节），到欢腾的卓舞、飞扬的琵鲁，从雪域风情到进藏应知应会常识……他侃侃而谈，并特意嘱咐我们头两天不能洗澡，早晚温差大，随时增添衣服，不能饮酒，不能感冒，适量饮食，多喝热水，不能拉肚子等等，而对于初次进藏的我们，感觉细微贴心。经过两个小时奔波，晚上7点入住拉萨饭店1411房间。晚餐时已是晚上9点左右，由于与内地2个多小时时差，此时的西藏，天依然大亮。自以为平素身体很好的我，晚餐时在海拔3600米的驻地，开始高原反应，全身乏力，头晕，大汗淋漓，完全醉酒时的感觉，昏昏然，飘飘然，辗转反侧至凌晨3点未能入眠……

贡嘎机场（自左至右韩守富、尼玛与作者）

## 美丽的遇见——校友

8月6日，周四。早上7点30分入住饭店贵宾楼早餐。上午调整休息。下午，驻地参加学校校友会西藏校友纪录片《汉藏两地书》拍摄人员方案协商会，与学校同事校友会秘书长刘波、新闻与传播学院同事郭灿金在交流时了解到，1975—1979年，当时的中央医疗队（河南）、河南大学医学院（原开封卫校）藏医班一共3个班（两个班从中央民族大学转入），共计160余人。西藏校友会会长喜乐（曾经担任西藏自治区行署副专员、卫生厅厅长）当时在县医院与同事一起

藏族校友

接生时导尿管忘记带来,产妇膀胱将要爆裂,喜乐他们临时生计,用麦秸秆在酥油中浸泡软化,代替导尿管,使得产妇转危为安。西藏校友会秘书长欧珠罗布(西藏大学医学院首任院长,博士生导师),曾经在复旦大学进修、河南大学淮河医院实习,当时遇上唐山大地震,淮河医院收治150多名伤病员,欧珠为伤员们擦身并处理大小便。与他们同班的女生卓玛13岁入伍,复原后到县医院带薪实习,当时月工资28.5元,为唐山地震慷慨捐出100元。在县医院接诊外出交通方式就是骑马,卓玛经常从马背上摔下,头部多次受伤……40年过往,记忆犹新,当时这群年轻人回藏后,有的成为藏区"一把刀",成为永远不走的医生,在当时相对偏远贫瘠、缺医少药的高原西藏,为当地人民开辟了一扇生命之窗与希望之光……

## 梦幻——布达拉宫夜景

晚上8点半至10时，与同事乘出租车欣赏布达拉宫广场夜景。夕阳的映衬下，游人如织，灯光绚烂，喷泉如珠，背景音乐缭绕。夜幕下的布达拉宫，空灵、魔幻而又凝重，高大、神秘而又多彩，伴着才旦卓玛的那首藏族民歌《北京的金山上》高亢饱含激情的歌曲："北京的金山上，光芒照四方，毛主席就是那金色的太阳，多么温暖，多么慈祥，把翻身农奴的心儿照亮，我们迈步走在，社会主义幸福的大道上，哎，巴扎嘿。"余音缭绕，不绝于耳……

## 世外桃源——罗布林卡

8月7日，周五，今日立秋。早上西藏饭店早餐，上午寻访世界文化遗产——罗布林卡。罗布林卡藏语是宝贝园林之意。罗布林卡在布达拉宫西侧约2公里的拉萨河畔，距我们入住的酒店2公里左右，是一座古代藏式园林。园内有大小不一的颇章，是历代喇嘛的夏宫，其园林布局既有西藏高原的特点，又吸取了内地园林传统手法，运用建筑、山石、水面、林木组合成景，蓝天白云，黄墙红瓦，殿堂壁画，古树成荫，花草簇拥，别有韵味。炎炎夏日是理想的避暑胜地。据考证，西藏的气候环境不生长竹子，但是，罗布林卡园内竹林遍布，竹叶茂密，蔚为奇观。

## 藏餐——拥西卓玛

寻访完罗布林卡，时至中午，高原气候早晚温差大，午间，烈日炎炎，一身疲惫，乘坐出租车，随着导航，辗转到达网红特色店——吉祥圣雪藏餐，走过很长的一段正在维修的小胡同，狭小的过道坑洼不平，九曲八弯，才到达饭店，真是酒香不怕巷子深啊！用餐前，老板娘拥西卓玛带我们先是参观并讲解了他们二楼独居特色的家庭收藏文化，为我们献上哈达，行叩首礼，送上西藏手编工艺品——节节高。拥西卓玛是四川康巴人（附合影照片收藏品），给我们的印象是率直、勤奋、执着、智慧，她给我们分享了家庭传奇故事。当初，她17岁只身嫁到西藏，她幽默风趣说娘家是开镖局的，也就是现在的顺丰快递。开这个饭店时多数家人不同意，因为是老宅子，巷子深，经营的又是内部藏餐，已经开设近600家，竞争激烈，怕无人问津。而她自己非常看好，国家政策好，宣传好，游客逐年增多，坚持要做自己喜欢并看准的事情。自己到成都借钱并学习培训礼仪半年，如今饭店开了12年，她的饭店食材新鲜，限量制作，注重特色，生意很好。她的公公在1954年骑马到达成都，然后乘火车到北京，是中央民族大学西藏第一批大学生，1956年受到毛主席、周总理、陈毅副总理的亲切接见，毕业后回到西藏从事藏汉文字翻译、文化交流工作，直到2006年去世，一生倾注于汉藏交流、民族团结工作。拥西卓玛的丈夫喜欢收藏，藏品很多，也很珍贵。早在1981年丈夫花10元钱请回一个看起来像石头的灵芝，北京专家来就餐时鉴定为非常罕见的千年灵芝，看起来灵芝表面已经风化，但内部依然很好，可以入药；旁边，客厅博古架上有一只鹦鹉螺化石，鹦鹉螺为右旋螺，上亿年前海洋后地壳运动，青藏高原正是后地壳运动沧海桑田的见证。尤为珍贵的是在客厅正中，有一张1960－2000年40年间登上珠峰全体登山队员的签名照，其中，世界第一位从珠峰北坡登顶的女登山运动员——潘朵，当时37岁已是3个孩子的妈妈，为了登顶，五个脚趾全部冻掉，2014年在江苏去世。潘朵即后来拍摄的电影《攀登者》中黑牡丹原型。拥西卓玛告诉我们她的婆婆也是1958年中国第一批女登山运动员，8000米以上的记录有几次，如今已经83岁，是一名老党员，特别关心国家大事，天天看新闻，习总书记到哪里就看到哪里。今年，遇到疫情，老人家说国家还给我们发工资，应该从工资里拿一些支援国家。一位普通老人的境界与情怀是："缺氧不缺精神，海拔高境界更高的老西藏精神！"

漫步在历史与现实的时空走廊，思绪万千，在品尝正宗藏餐的同时，看到藏族家庭的一个缩影，也享受了丰厚的文化盛宴。

藏族文化艺人

## 藏传圣地——大昭寺

大昭寺

沿北京路,到达拉萨老城区中心位置,下午2点30分至4点参观著名的大昭寺、八廓街。大昭寺有1300多年历史,是当地拥有至高地位的藏传佛教圣地与中心,始建于公元7世纪中叶,公元8世纪大唐文成公主入藏时从长安带来的释迦牟尼12岁等身像,成为大昭寺镇寺之宝。寺内有长近千米的藏式壁画《文成公主进藏图》《大昭寺修建图》,还有两幅明代刺绣的护法神唐卡,均为难得的艺术珍品。大昭寺为藏王松赞干布所建,在藏传佛教史上拥有至高无上的圣洁地位。它是最早的土木结构建筑,它的外墙一周为"八廓",外围环绕的街道就是著名的八廓街。登上二楼观景台,可以看到布达拉宫,八廓街热闹繁荣景象皆收眼底。晚上与校友喜乐、欧珠在太阳岛新鼎大酒店晚餐,欧珠陪同我们漫步拉萨河畔(汇入雅鲁藏布江,汇入印度恒河),雪域风情,谈古及今,凉风习习,浮想联翩……

8月8日，周六。饭店早餐，单位联系安排相关招生工作后，上午10点与同事寻访小昭市（未开馆）、次巴拉康，中午回饭店与西藏校友扎西卓玛、洛桑午餐，饭店拍摄采访校友外景。夜晚，下雨。晚餐品尝藏餐田村石锅藏香鸡。冒雨回。

## 印象——纳木错

8月9日，周日，下雨。饭店早餐后乘车寻访纳木错。车辆沿109青藏公路路经中国地热之城——羊八井，经过念青唐古拉山，车辆盘旋于青藏公路、青藏高速、青藏铁路之间，时而大雨如注，时而艳阳高照，白云朵朵，变幻莫测……经过2个多小时的奔波，到达海拔5200米的纳木错，顿时眼前开阔，湖面跃入眼帘，湖光山色，一片空蒙。带着兴奋，下车时，刚走几步，一阵眩晕随之而来，高原反应又来了。因为阴天，呈现在眼前的纳木错一片灰蒙，与想象的景观不同，下午3点半返程，5点半在途中当雄县一个川菜馆简单午餐，一路阵雨，晚上9点半返回酒店。

纳木错

## 寻访——布达拉宫

布达拉宫

8月10日，周一，早上下雨。饭店用早餐后，上午9点出发预约寻访布达拉宫。细雨霏霏，人流如织，穿过阵阵人流，安检，步入心目中神秘殿堂，民族文化瑰宝、世界文化遗产名录——布达拉宫。布达拉宫始建于公元7世纪松赞干布时期。17世纪五世达赖喇嘛时期重建后，成为历代达赖喇嘛的驻锡地和政教合一的中心。其主体建筑分为白宫和红宫，主楼13层，高115.7米，由寝宫、佛殿、零塔殿、僧舍等组成。导游是次仁白堂，瘦高的身材，黝黑的脸庞，讲一口流利的普通话。次仁告诉我，他在江西上完高中，在北京大学读书，回西藏从事导游工作，冬天到学校兼任一些课程。我们边走边谈，拾级而上，到达德玛广场，这里有海拔3678米世界最高的卫生间和许多胜景。寻访完布达拉宫，下午2点半藏旬食简单午餐；餐后游印象中的八廓街，逛街中书店、手工艺店（附与手工艺匠人合影）。

8月11日，周二，下雨。饭店早餐后收拾行李准备返程。下午1点至2点10分到饭店接我们去机场的是在西藏开出租车的山东姑娘，一路聊天，从经营到生活，到风土人情。从贡嘎机场返程，下午6点途径西宁，晚上9点到达新郑机场。

短短几天高原之行，寻访校友，策划出访计划，现场拍摄，时间匆匆，山南、林芝、阿里、日喀则、珠穆朗玛、羊卓雍措等未能如至，意犹未尽。世间万物，也许遗憾就是美。校友，母校永远的名字。西藏120万平方公里辽阔地域，一个令人神往之地，因珠穆朗玛峰世界之颠而称奇；雅鲁藏布江，印度恒河之源，因孕育世界文明而称秀；早在公元5世纪，因松赞干布与文成公主汉藏联姻而流芳。美丽的高原，美丽的雪山，美丽的唐古拉山，美丽的布达拉宫……大哉，西藏；壮哉，西藏；美哉，西藏！身处美丽辽阔的高原，不禁想起非常喜欢的歌手李娜的那首嘹亮高亢的歌曲，期待下次再来——那就是《青藏高原》！

> 是谁带来远古的呼唤，
> 是谁留下千年的企盼，
> 难道说还有无言的歌，
> 还是那久久不能忘怀的眷恋……
> 啊，
> 我看见

一座座山，
一座座山川，
一座座山川相连，
呀啦索，那可是青藏高原……

谨以此文纪念西藏之行。

2020 年 8 月初稿于古都开封

## 后 记

　　此书以公众号"静音沉璧"命名,能如期付梓,了却一桩心愿。这里,我发自内心说一声——谢谢!

　　感谢王立群先生为公众号命名题赠,"静音沉璧"创办近两年来,推出原创文章86篇。感谢王立群老师又于2022年10月1日亲临新闻与传播学院演播厅为"静音沉璧"工作室授牌。感谢河南大学党委宣传部将此融媒体平台列为"河南大学融媒体＋育人品牌建设项目",并获评优秀品牌项目。感谢河南大学出版社精心策划如期出版。

　　此书内容为三部分:建筑篇、人物篇、情志篇。散落在明伦校园的近代建筑瑰宝如玉璧入水,为建筑篇。把人物故事挖掘整理,留待回忆,为人物篇。情由物生,托物言志,为情志篇。这些大多为业余时间所作,书中所采写记录的只是专业、行业的部分代表人物,很难周全,尤其涉及人物篇中的校史人物、名人名家部分,难免会有诸多疏漏,诚望大家指正。

　　感谢校史馆王学春老师提供许多珍贵的原始资料照片,为撰写文案提供无私奉献与帮助。感谢时勇老师保存下来许多珍贵镜头与照片。感谢同事关合凤、刘香宇、段乐川、王聚伍、阎现章、靳刚等为相关文章提供资料照片。感谢书法家赵振乾先生题写《静音沉璧》书名。

感谢公众号所采写的各位专家教授的密切协作。

文章每期均以图文音视频形式展现（音视频可关注公众号视听）。感谢学院播音主持系全体老师和同学们的倾情参与，近百名师生各具特质地播音编配，使得文章活泼灵动、内涵丰富。

感谢与我朝夕相处的学校、学院同事们同仁们。感谢院长王鹏飞教授拨冗为此书撰序，于春生教授悉心联络出版业务。感谢我身边诸多朋友的默默关注与付出。

感谢河南大学官微，河南大学教育发展基金会、校友会，以及"铁塔风铃"、凤凰网"馨阅书社"等媒体平台对文章及时推送与传播。

感谢学院宋梦妍等同学一直以来对公众号的悉心维护，对每一期内容的精心编排、校对、及时推送。

《飘落在明伦街的记忆》为首卷，自然采写，自然编排，自然集成。尽管写作会有许多艰辛，希望能坚持，并得以延续下去。希望有《飘落在金明校区的记忆》《飘落在郑州龙子湖校区的记忆》，结集为记忆三部曲。

如今，以新媒体、融媒体形式展现所思所见所悟，也算不枉在河南大学求学工作42年、新闻与传播学院工作9年和"新闻专业"熏陶，聊以慰藉。

感谢河南大学各位同仁，感谢新闻与传播学院，感谢我亲爱的同事们、同学们、校友们及"粉丝们"。

创办公众号，使自己悟到了采写文章之艰辛，更领悟了坚持的力量。坚持，带来充实、自信、从容与喜悦。

坚持下去，不求回馈，不求赞誉，秉烛掌灯，乐此不疲。但求为守望四十余载的母校这片热土洒下汗水，留下丝丝回味与记忆。

感谢岁月，感谢与"静音沉璧"一路走来的所有亲人朋友们。

愿更多的学者、专家走进"静音沉璧"工作室，愿"静音沉璧"陪伴我们继续前行！

明伦岁月，湖光塔影，城墙霞光，门堂楼房，草坪林荫，石阶小径，琅琅书声……都将成为飘落在明伦校园永久的记忆……

四时为序，岁月如歌。

百年明伦，美好永驻。

是为记。

2022年12月岁尾初稿于明伦校园
2023年6-7月再稿于河南大学明伦校园工作室